KOMPAKT-WISSEN
WIRTSCHAFT

Burkart Ciolek

Betriebswirtschaft

STARK

Umschlagbild: © Denis Babenko/Dreamstime.com

ISBN 978-3-86668-289-4

© 2010 by Stark Verlagsgesellschaft mbH & Co. KG
www.stark-verlag.de

Inhalt

Vorwort

Produktionswirtschaft 41

Finanzwirtschaft 67

Controlling 121

Autor: Burkart Ciolek

Vorwort

Liebe Schülerinnen und Schüler,

dieser Band aus der Reihe Kompakt-Wissen bietet Ihnen eine komprimierte Darstellung der wichtigsten Inhalte der Betriebswirtschaftslehre. Der Band umfasst alle Themen, die in den Lehrplänen als unverzichtbar angesehen werden und neben ihrer Prüfungsrelevanz einen wichtigen Beitrag für die ökonomische Bildung leisten. Damit Sie sich effektiv und schnell auf Klausuren und die Abiturprüfung vorbereiten können,

- werden die Inhalte knapp und dennoch verständlich und umfassend dargestellt.
- sind die einzelnen Kapitel in überschaubare und gut einprägsame Unterkapitel gegliedert. **Zentrale Begriffe** sind farbig hervorgehoben, damit Sie sich schnell orientieren können und sich Ihnen das Wichtigste auf einen Blick erschließt.
- veranschaulichen zahlreiche **Schaubilder und Grafiken** die im Text beschriebenen Zusammenhänge und strukturieren das Wissen. Am Ende jeden Kapitels finden Sie eine grafische Zusammenfassung der wichtigsten Inhalte.
- ermöglicht Ihnen ein **Stichwortverzeichnis** am Ende des Buches, die gewünschten Inhalte zügig und treffsicher zu finden.

Ich wünsche Ihnen einen hohen Erkenntnisgewinn und vor allem nachhaltige Lernerfolge bei der Arbeit mit diesem Kompakt-Wissen. Unternehmerisches Denken und Handeln sowie eine fundierte ökonomische Bildung werden auch in Ihrem späteren Berufsleben eine wichtige Rolle spielen. Nutzen Sie daher jetzt die Chance, ein solides Fundament zu legen.

Burkart Ciolek

Grundlagen der Betriebswirtschaft

Der Untersuchungsgegenstand der **Betriebswirtschaftslehre** ist der einzelne Betrieb, sowohl intern als auch in der Interaktion mit anderen Betrieben, seinen Kunden, dem Staat und gesellschaftlichen Gruppierungen. Anders als in der Volkswirtschaftslehre steht dabei das **Verhalten eines einzelnen Unternehmens** im Vordergrund.

Ausgehend von einer Beschreibung und Erklärung des jeweiligen Handelns ist es Zielsetzung der allgemeinen Betriebswirtschaftslehre, Regel- und Gesetzmäßigkeiten im betrieblichen Handeln zu erkennen und Handlungsempfehlungen zur Erreichung bestimmter Zielsetzungen zu geben.

1 Der Betrieb als wirtschaftliches und soziales System

Im Alltag werden die Begriffe „Unternehmen", „Betrieb" und „Firma" meist synonym verwendet, seitens der Fachwissenschaft existiert aber eine deutliche Abgrenzung.

- So handelt es sich bei einem **Betrieb** um eine planvoll organisierte Wirtschaftseinheit, deren Aufgabe in der Erstellung und dem Absatz von Leistungen besteht. Diese können sowohl Sachgüter (z. B. Industriebetrieb) als auch Dienstleistungen (z. B. Handelsbetrieb) sein. Ziel des Betriebs ist in der Regel die Gewinnerzielung.

- Als **Unternehmen** wird die juristisch-finanzielle Einheit bezeichnet, die den Rahmen für die Leistungserstellung bildet. Die Begriffe Betrieb und Unternehmen sind in vielen Fällen noch austauschbar.

- Die **Firma** hingegen ist der juristische Fachbegriff für den Namen eines Unternehmens, z. B. die „Malermeister Müller GmbH", und richtet sich nach den gesetzlichen Vorschriften des HGB, AktG und GmbHG.

Zusammen bilden diese drei Bestandteile eine „Betriebswirtschaft". Die drei Begriffsklärungen machen bereits deutlich, dass ein Betrieb aus unterschiedlichen **Blickwinkeln** betrachtet und analysiert werden kann. Im Folgenden steht vor allem die ökonomische Perspektive im Vordergrund. Daneben kann aber auch eine eher soziologische Sicht (bezogen auf den Faktor „Mensch" und menschliche Gruppen) hilfreich sein, um betriebliche Prozesse und Abläufe zu verstehen.

In der Praxis erweist sich ein Betrieb als komplexes wirtschaftliches und soziales System. Selbst Klein- und mittelständische Betriebe umfassen eine Fülle von unterschiedlichsten Prozessen (vgl. S. 18 ff.) und müssen verschiedenste Interessen(gruppen) berücksichtigen (vgl. S. 8).

1.1 Aufbau eines Industriebetriebs

Obwohl sich Betriebe z. B. hinsichtlich ihrer Größe, der Produkte und ihrer Organisationsstruktur unterscheiden, weisen sie alle die gleichen Teilbereiche auf, die sogenannten **betrieblichen Grundfunktionen**. Das folgende Schaubild verdeutlicht die interne Gliederung und die Verflechtungen des Unternehmens nach außen hin.

Beschaffungs-markt	Management/ Unternehmensleitung			Absatz-markt
	Zentralbereiche, z. B. Personal, Finanzen, Rechnungswesen			
	Einkauf/ **Beschaffung**	Fertigung/ **Produktion**	Verkauf/ **Absatz**	
– Betriebsmittel – Arbeitskraft – Werkstoffe	Bereitstellung, Lagerung, Transport	Leistungs-erstellung, Kontrolle	Marketing	– Handel – Kunden
= Produktions-faktoren	**= Prozess der Leistungserstellung**/ Betrieblicher Transformationsprozess			

Im Kern gliedert sich jedes Unternehmen in die vier Grundfunktionen **Beschaffung**, **Produktion** und **Absatz**, die von der **Unternehmens-leitung** koordiniert werden und zusammen den Prozess der betrieblichen Leistungserstellung umfassen.

Nach außen tritt das Unternehmen zunächst mit dem **Beschaffungs-markt** in Verbindung, um sich die für die Herstellung der Produkte benötigten Produktions-/Einsatzfaktoren (= Input) zu besorgen.

Man differenziert hierbei die drei Faktoren **Betriebsmittel** (Werkzeug, Fahrzeuge und Maschinen, mit denen die Produkte hergestellt werden), **Werkstoffe** (in der Regel Rohstoffe, Energie sowie halbfertige und fertige Produkte, die in das Endprodukt einfließen) und die **menschliche Arbeitskraft** (d. h. die erforderlichen Mitarbeiter sowie deren körperliche und geistige Tätigkeit).

Die zweite zentrale Außenbeziehung stellt die Verknüpfung mit dem **Absatzmarkt** dar, auf dem die erstellten Produkte veräußert werden (= Output). Dabei besteht je nach Organisation des Absatzes die Möglichkeit eines indirekten Vertriebs der Produkte über den Handel (Groß- und Einzelhandel) oder eines direkten Kontakts des Unternehmens mit den (End-)Kunden.

1.2 Betriebliche Ziele

Ziele können als erwünschte, durch ein bestimmtes Handeln zu erreichende Situationen definiert werden. Das primäre Ziel eines Unternehmens ist die Gewinnerzielung durch die Veräußerung seiner Produkte. Daneben werden aber häufig weitere Zielsetzungen verfolgt, sodass man in der Regel von einem ganzen **Zielbündel** spricht.

Zielarten

Ziele können nach unterschiedlichen Kriterien gegliedert werden (Zielarten). Ein mögliches Gliederungskriterium sind die Zielkategorien.

	Ausprägung 1	Ausprägung 2	Ausprägung 3
Zielkategorien	**ökonomisch** • Gewinnmaximierung • Kapazitätsausweitung • Marktanteil erhöhen • Kostenreduktion • Umsatzsteigerung	**ökologisch** • Reduzierung der Transportwege • Einsatz recyclingfähiger Rohstoffe • Reduktion von Emissionen	**sozial** • gerechte Entlohnung • bessere Arbeitsbedingungen • Arbeitsplatzsicherheit

Ökonomische Zielsetzungen wie z. B. Gewinnerzielung oder Umsatzsteigerung lassen sich zahlenmäßig definieren und damit messen (= **quantitative Ziele**). Dies erfolgt in der Regel durch Kennzahlen. Zentrale Messgrößen zur Überprüfung der ökonomischen Zielerreichung sind z. B.:

Produktivität:	$\dfrac{\text{Output}}{\text{Input}}$
Rentabilität:	$\dfrac{\text{Gewinn}}{\text{Kapitalanfangsbestand}}$
Wirtschaftlichkeit:	$\dfrac{\sum \text{Erträge}}{\sum \text{Aufwendungen}}$

Neben den Zielkategorien gibt es weitere Kriterien zur Einteilung von Zielarten:

	Ausprägung 1	Ausprägung 2	Ausprägung 3
zeitlich	kurzfristig	mittelfristig	langfristig
hierarchisch	Oberziele	Zwischenziele	Unterziele
Messbarkeit	quantitative Ziele	qualitative Ziele	
Abstraktionsgrad	Formalziele	Sachziele	

Zielbeziehungen

Werden mehrere Zielsetzungen parallel verfolgt (Zielbündel), stehen die einzelnen Ziele in wechselseitiger Beziehung zueinander. Folgende Zielbeziehungen sind dabei möglich:

komplementär Ziel 1 → Ziel 2	Die Erreichung von Ziel 1 fördert die Erreichung von Ziel 2 (= Zielharmonie). Z. B. bedeutet eine Ausweitung des Umsatzes in der Regel auch einen höheren Gewinn.
konkurrierend Ziel 1 ← Ziel 2	Die Erreichung von Ziel 1 behindert die Erreichung von Ziel 2 (= Zielkonflikt). Z. B. behindert die Erhöhung der Produktion durch zusätzliche Überstunden das Ziel der Gewinnsteigerung.
indifferent Ziel 1 ↑ Ziel 2 ↓	Die Ziele beeinflussen sich gegenseitig nicht, sondern verhalten sich neutral: z. B. die Senkung der Maschinenlaufzeiten und die Entwicklung eines neuen Marketing-Konzepts.

Aufgabe der Unternehmensleitung ist es, Zielkonflikte möglichst zu vermeiden bzw. abzumildern und Zielharmonien zu fördern.

Zielsystem/-hierarchie

Die verschiedenen Ziele eines Betriebs werden nicht mit der gleichen Intensität verfolgt bzw. deren Bedeutung kann im Zeitverlauf variieren. So steht z. B. in der Gründungsphase das Ziel des Aufbaus eines möglichst hohen Bekanntheitsgrads im Vordergrund, was nach erfolgreicher Etablierung auf dem Markt in den Hintergrund tritt. Dafür gewinnen andere Zielsetzungen, wie z. B. Qualitätsverbesserungen, höhere Kundenzufriedenheit oder günstige Preise, an Bedeutung.

Ein **Zielsystem** strukturiert und ordnet die Unternehmensziele, weist ihnen eine individuelle Gewichtung zu und dient der Koordinierung und Steuerung von Handlungen. Die unterschiedliche Wertigkeit der einzelnen Ziele kann z. B. in Form einer **Zielpyramide** verdeutlicht werden:

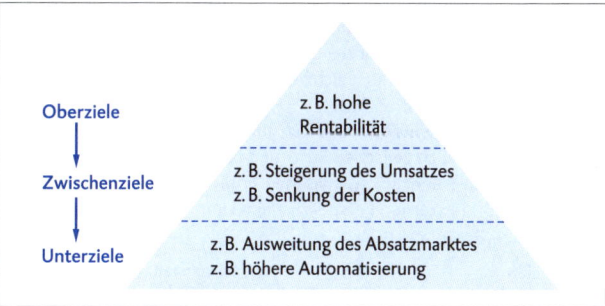

An der Spitze der Pyramide steht die für das Unternehmen derzeit wichtigste Zielsetzung **(Oberziel)**, im Beispiel die Erzielung einer möglichst hohen Rentabilität. Die Konkretisierung dieses relativ abstrakten Ziels erfolgt über verschiedene **Zwischen- und Unterziele**.

So kann z. B. durch eine Kostensenkung und die damit verbundene Erhöhung des Gewinns die Rentabilität gesteigert werden. Die Kostensenkung lässt sich wiederum z. B. durch eine Ausweitung der Automatisierung und die damit verbundenen Personaleinsparungen erreichen.

Oft treten in einem solchen Zielsystem aber auch konkurrierende Zielbeziehungen auf, die es zu koordinieren gilt. So kann durch eine Ausweitung des Absatzmarktes zwar der Umsatz gesteigert werden, wenn mehr Kunden die Produkte des Unternehmens kaufen, andererseits sind dazu häufig umfangreiche finanzielle Ausgaben (z. B. für Werbung oder den Aufbau neuer Niederlassungen) erforderlich, die dem Ziel der Kostensenkung entgegenlaufen.

Balanced Scorecard

Als moderne Form einer systematischen und umfassenden Kontrolle der Erreichung der betrieblichen Ziele hat sich das Instrument der Balanced Scorecard (BSC) etabliert.

Die BSC versteht sich dabei selbst als umfassendes Managementsystem, das zwar finanzielle Ziele verfolgt, aber gleichzeitig den Fortschritt im Auge behält. Das Unternehmen wird aus vier Perspektiven betrachtet: **Kunden-, Finanzwirtschafts-, interne Geschäftsprozess- und Mitarbeiterperspektive**.

In jeder dieser Perspektiven werden von der Unternehmensvision/ -strategie konkrete Ziele abgeleitet. Die vier Perspektiven werden miteinander verknüpft und mit dem Ziel koordiniert, Synergien zwischen ihnen zu finden und diese in Zukunft zu nutzen. Dann werden die Ziele mit Kennzahlen zur Messung des Grads der Zielerreichung, mit konkreten Vorgaben/Schwellenwerten und durchzuführenden Maßnahmen zur Zielerreichung verknüpft. Dieses Controlling (vgl. S. 121 ff.) dient neben der Erfolgskontrolle auch gleichzeitig als Frühwarnsystem für den Betrieb.

Der Name BSC deutet bereits auf eine gewisse Ausgewogenheit – Balance – hin, nämlich zwischen kurz- und langfristigen, monetären und nicht-monetären Kennzahlen, zwischen Früh- und Spätindikatoren sowie internen und externen Perspektiven im Unternehmen.

Kunden	Finanzen
Wie sollen wir gegenüber unseren Kunden auftreten, um unsere Strategie/Vision zu verwirklichen?	Wie sollen wir gegenüber unseren Kapitalgebern auftreten, um finanziellen Erfolg zu haben?
Vision/Strategie des Unternehmens	
Mitarbeiter	interne Prozesse
Wie können wir unsere Veränderungs- und Wachstumspotenziale fördern, um unsere Strategie/Vision zu verwirklichen?	In welchen Geschäftsprozessen müssen wir die Besten sein, um unsere Teilhaber und Kunden zu befriedigen?

1.3   Rolle von Unternehmen in der Gesellschaft

Laut dem österreichischen Ökonomen Joseph Schumpeter ist jeder Unternehmer ein „kreativer Zerstörer", der zum einen durch ständige Innovation und hohe Flexibilität Marktlücken erkennt und dadurch hilft, die Bedürfnisse und den Bedarf der privaten und öffentlichen Haushalte zu decken. Zugleich steht er auf dem Beschaffungs- und Absatzmarkt mit anderen Unternehmern in einem harten Verdrängungswettbewerb und muss das Überleben seines eigenen Unternehmens sicherstellen. Sofern er dabei erfolgreicher agiert als andere Unternehmer, kann er auch zum Zerstörer werden, da er zumindest indirekt die nicht wettbewerbsfähigen Unternehmen vom Markt verdrängt.

Überträgt man diese Überlegungen auf die Gesamtheit der Unternehmen in einer Volkswirtschaft, so ist es deren primäre Aufgabe, durch Erstellung von Gütern und Dienstleistungen die **Bedürfnisse** der Haushalte und des Staates zu **decken**. Dafür benötigen sie neben Betriebsmitteln und Werkstoffen auch den Produktionsfaktor Arbeit, sodass Unternehmen noch vor dem Staat die wichtigsten **Arbeitgeber** für die Masse der Erwerbspersonen darstellen.

Bedingt durch das Ziel der Gewinnerzielung erwirtschaften Unternehmen einen großen Anteil des **Steueraufkommens** der öffentlichen Haushalte. Somit tragen sie dazu bei, staatliche Leistungen zu finanzieren und das **Gemeinwohl zu steigern**. Gleiches gilt für die Vielzahl an gemeinnützigen Stiftungen, die seitens der Wirtschaft finanziert werden.

Durch ihre Innovationskraft tragen die Unternehmen dazu bei, den **Wohlstand eines Landes zu steigern** und im **internationalen Wettbewerb konkurrenzfähig** zu bleiben. Durch ihre Produkte und ihr Auftreten auf dem Weltmarkt repräsentieren sie indirekt auch ihre jeweilige Volkswirtschaft und tragen zur **Außenwirkung eines Landes** bei (vgl. z. B. Qualitätsimage von „Made in Germany").

Durch vorausschauende Planung helfen Unternehmen mit, **zukünftigen Herausforderungen zu begegnen** und die Ressourcen einer Volkswirtschaft in die Bereiche zu lenken, die langfristig zu Wachstum und Wohlstand eines Landes beitragen.

Als **negative Entwicklung** lässt sich aber immer wieder feststellen, dass gerade große Konzerne ihre **wirtschaftliche Macht dazu missbrauchen**, Zugeständnisse seitens der Belegschaft (z. B. Lohnverzicht, nicht vergütete Mehrarbeit), des Verbrauchers (z. B. Monopolpreise, Wettbewerbsabsprachen) oder der Politik (z. B. unberechtigte Subventionen) zu erzwingen.

1.4 Anspruchsgruppen und ihre Interessen

Die Zielsetzungen, die ein Unternehmen verfolgt, hängen sowohl von betriebsinternen als auch externen Interessengruppen ab, die auch in Konflikt miteinander stehen können (vgl. Schaubild).

Kapitalgeber (z. B. Sicherheiten, Zinsen)		Gesellschaft (z. B. Information, Umweltschutz)	
Lieferanten (z. B. langfristige Verträge)	Geschäftsführung (z. B. Rentabilität)	Eigentümer (z. B. Gewinne)	Kunden (z. B. faire Preise)
	Mitarbeiter (z. B. faire Löhne)	Kontrollorgane (z. B. Information)	
Staat, Politik (z. B. Steuereinnahmen)		Konkurrenz (z. B. Kooperation, fairer Wettbewerb)	

Der größte Einfluss obliegt dabei der Unternehmensleitung. Diese befindet mit über die strategische Ausrichtung des Unternehmens und leitet das operative Tagesgeschäft. Daneben treten in regelmäßigen Abständen die Eigentümer (z. B. Aktionäre, Gesellschafter) und bei großen Unternehmen der Aufsichtsrat zusammen, um über Grundsatzentscheidungen zu beraten und ggf. mitzuentscheiden. Ebenso können die Mitarbeiter über diverse Mitbestimmungsorgane (z. B. Betriebsrat), das innerbetriebliche Vorschlagswesen oder über die Art der Umsetzung von Entscheidungen der Führungsebene den Kurs eines Unternehmens beeinflussen.

Neben diesen **internen Gruppen** versuchen **externe Gruppen** auf den Prozess der Willensbildung im Unternehmen Einfluss auszuüben. Darunter fallen vor allem die Kapitalgeber (z. B. Banken), Kunden und Lieferanten, die öffentliche Hand und die Mitbewerber. Auch diverse Verbände (z. B. Branchenverbände) und Organisationen (z. B. Gewerkschaften, Umweltschutzorganisationen) versuchen, die innerbetrieblichen Prozesse zu beeinflussen.

Im Folgenden werden kurz zwei Ansätze vorgestellt, die versuchen, diesen Interessen in unterschiedlicher Weise gerecht zu werden.

Shareholder-Value-Ansatz

Shareholder-Value (SHV) bedeutet **Wert des Eigenkapitals**. Der SHV-Ansatz basiert auf der Annahme, dass ein Investor den Kauf einer Aktie als ausschließlich finanzielles Investment betrachtet, das eine Rendite erwirtschaften soll, die zumindest nicht schlechter ist als die einer alternativen Anlage.

Die Unternehmensführung hat im Sinne des SHV-Ansatzes die Zielvorgabe, Geschäftsstrategien nach Maßgabe der Renditen, die sie für die Anteilseigner schafft, zu beurteilen. Die Interessen der übrigen Einflussgruppen haben hinter diesem Primärziel zurückzustehen. Der SHV-Ansatz ist somit streng eindimensional auf die Interessen der Eigenkapitalgeber ausgerichtet, man spricht daher von einem **Zielmonismus**.

Viele Unternehmen, die dem SHV-Ansatz folgen, weisen in der Tat z. B. eine überdurchschnittliche Börsenkursentwicklung auf und sind damit ein Beleg für den Erfolg ihrer SHV-Konzentration. Andererseits hat sich gezeigt, dass eine alleinige Orientierung an der Wertentwicklung des Unternehmens einer langfristigen Sicherung des unternehmerischen Erfolgs auch entgegenstehen kann.

Stakeholder-Value-Ansatz

Der Stakeholder-Value-Ansatz, das Gegenkonzept zum SHV, berücksichtigt neben den Interessen der Eigenkapitalgeber die weiterer für ein Unternehmen wichtiger Anspruchsgruppen, wie z. B. von Fremdkapitalgebern, Lieferanten, Mitarbeitern, Aufsichtsrat, Gewerkschaften, Arbeitgeberverbänden, Vorstand, Top-Management, Kunden, Öffentlichkeit und Staat.

Dieser Ansatz behebt im Gegensatz zum SHV-Ansatz den Mangel der Eindimensionalität, charakteristisch ist für ihn folglich der **Zielpluralismus**. Somit kann der Stakeholder-Value-Ansatz als Weiterentwicklung des SHV-Ansatzes gesehen werden.

Allerdings hat sich bei der Umsetzung gezeigt, dass vonseiten des Unternehmens nicht alle Interessen befriedigt werden können bzw. dadurch Planungs- und Entscheidungsprozesse eines Unternehmens enorm in die Länge gezogen werden.

In der Praxis liegen daher die meisten Führungskonzepte zwischen diesen beiden Extremen.

2 Grundsatzfragen der Unternehmensgründung

Jedes Unternehmen durchläuft in seiner Geschichte eine Reihe von Phasen, in denen die Geschäftsleitung und die Mitarbeiter vor unterschiedliche Herausforderungen gestellt werden. Diese drei Phasen werden idealisiert als **betrieblicher Lebenszyklus** bezeichnet:

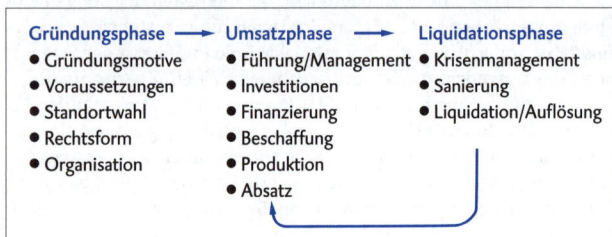

Im Rahmen der **Gründungsphase** müssen zunächst zentrale Fragestellungen bezüglich der Gründungsidee, der Eignung des Unternehmers, der Wahl einer geeigneten Rechtsform und eines günstigen Standorts sowie organisatorische und erste finanzielle Aspekte geklärt werden. Dies muss bereits vor der eigentlichen Gründung geschehen und wird in der Regel in Form eines Businessplans (vgl. S. 11) festgehalten.

Nach erfolgter Gründung rücken in der **Umsatzphase** Aspekte wie Optimierung von Beschaffung, Produktion und Absatz, Finanzierung des weiteren Unternehmenswachstums sowie Veränderungen bei Management und Führung in den Vordergrund.

Die dritte Phase, die **Liquidationsphase**, kann von einem Unternehmen mehrfach durchlaufen werden. Hier geht es um die Bewältigung von Krisen und großen Veränderungen (Change Management) bis hin zur endgültigen Auflösung des Unternehmens (Liquidation). Da die Hälfte aller in Deutschland neu gegründeten Unternehmen bereits nach vier Jahren wieder aufgelöst werden, wird deutlich, dass sowohl der Gründungs- als auch der Liquidationsphase besondere Aufmerksamkeit gewidmet werden sollte.

2.1 Die Gründung – Voraussetzungen und Motive

Knapp eine Million Unternehmen werden jedes Jahr in Deutschland gegründet. Die Motive für den Schritt in die Selbstständigkeit sind dabei sehr unterschiedlich, wie die folgende Tabelle zeigt. In der Regel spielen eine ganze Reihe dieser Gründungsmotive zusammen:

persönlich	wirtschaftlich	gesellschaftlich
• Unabhängigkeit • Selbstverwirklichung • Machtstreben • Fachkenntnisse umsetzen • Unzufriedenheit im Beruf • Risikobereitschaft	• Ertragsaussicht • Einkommen • Marktlücke schließen • Alternative zur Arbeitslosigkeit	• Unternehmerimage/ Ansehen • Schaffung von Arbeitsplätzen • Rolle als Innovator • Schließung von Lücken in der Bedürfnisbefriedigung

Neben den Gründungsmotiven ist vor allem eine **tragfähige Gründungsidee** von zentraler Bedeutung. Ist der erwartete Nutzen aus der Gründung geringer als der zu erwartende Nutzen aus einer alternativen Tätigkeit im Angestelltenverhältnis, wird wohl niemand den Schritt in die berufliche Selbstständigkeit wagen.

Aber auch wenn eine scheinbar tragfähige Idee existiert, gilt es, diese intensiv zu prüfen. Dies geschieht im sogenannten **Business- oder Geschäftsplan**. Basierend auf der Geschäftsidee werden darin die Strategie und die Ziele dargestellt, die mit der Produktion, dem Vertrieb und der Finanzierung eines Produkts oder einer Dienstleistung verbunden sind. Dabei soll der Plan drei Funktionen erfüllen. Einerseits ist er ein Instrument für den Unternehmensgründer selbst, um Ziele und Strategie des Vorhabens zu formulieren, Entscheidungen zu treffen und mögliche Schwächen bereits im Vorfeld der eigentlichen Gründung aufzudecken (= **Planung**). Daneben dient er dazu, außenstehende Personen (Banken, Kapitalgeber, die öffentliche Hand etc.) vom Erfolg des Vorhabens zu überzeugen, indem er aufzeigt, dass an alles gedacht wurde und der Gründer sich tief greifende Gedanken über sein Unternehmen gemacht hat. Wichtige **Unternehmereigenschaften** werden durch einen aussagekräftigen Plan bereits unter Beweis gestellt: Ziele setzen, konkret planen können und Maßnahmen ergreifen, die der Zielerreichung dienen. Dabei ist der Plan aber kein starres Dokument, sondern entwickelt sich permanent weiter. Damit erfüllt er die dritte Funktion als ein Kontrollinstrument (= **Kontrolle**), anhand dessen der Unternehmensgründer in den ersten Jahren nachvollziehen kann, inwieweit er die sich selbst gesetzten Ziele erreicht hat, und zeigt bei Abweichungen mögliche Handlungsoptionen auf (= **Steuerung**).

Neben dieser langfristigen, **strategischen Planung** gilt es aber in der Praxis auch **operativ**, d. h. kurz- und mittelfristig, das Produktionsprogramm, die hierfür notwendige Beschaffungs- und Absatzplanung sowie konkrete Ziele und Maßnahmen für die einzelnen Unternehmensbereiche festzulegen.

2.2 Wahl des betrieblichen Standorts

Einen Bäcker gibt es in einer Stadt an jeder Ecke – nahe bei seinen Kunden. Ein Fabrikverkauf liegt dagegen oft weitab von jeder größeren Stadt auf der „grünen Wiese", und dennoch ist der Standort für beide Betriebe optimal. Ein Standort gilt als optimal, wenn bei der Leistungserstellung die größtmögliche Differenz zwischen standortbedingten Erlösen und Kosten erzielt wird. Bei der Entscheidung spielen u. a. folgende **Standortfaktoren** eine Rolle:

Beschaffungsfaktoren (Kostenorientierung)	Absatzfaktoren (Erlösorientierung)	außerbetriebliche Faktoren
• Rohstoffkosten	• Kundenpotenzial	• Subventionen
• Energiekosten	• Konkurrenzpoten-	• Umweltauflagen
• Lohnkosten	zial	• Ansiedlungsanreize
• Verkehrsanbindung	• Nähe zum Absatz-	• Steuer- und
• Boden-/Mietpreise	markt	Abgabenlast
	• Image des Standorts	• Infrastruktur
	• Transportkosten	• polit. Verhältnisse

Je nach Betrieb sind unterschiedliche Faktoren für die Entscheidung relevant. Es gibt sogar Abweichungen, wenn es sich um Unternehmen mit gleichem oder ähnlichem Fertigungsprogramm handelt. Daher ist das Auffinden eines geeigneten, wenn möglich sogar des optimalen Standorts ein schwieriges und meist sehr zeitaufwendiges Unterfangen.

Ein Problem ergibt sich schon dadurch, dass nicht alle Faktoren exakt mess- und bewertbar sind. Sogenannte **harte** Standortfaktoren (z. B. Bodenpreise) können aufgrund ihrer exakten Messbarkeit sehr gut miteinander verglichen werden. **Weiche Standortfaktoren** (z. B. Image einer Region) können nur mithilfe von letztendlich doch subjektiven

Einschätzungen bewertet werden. Als Vergleichsinstrument bieten sich hier sogenannte **Scoring-Verfahren** an.

Am einfachsten ist die Standortwahl, wenn es nur einen dominierenden Faktor gibt (z. B. Erzvorkommen im Falle eines Bergwerks). Da in der Praxis aber meist ein Bündel von Faktoren eine Rolle spielt und diese nicht immer gleichbedeutend sind, werden Gewichtungsfaktoren (siehe Entscheidungsmatrix) einbezogen, die die Wertigkeit des einzelnen Faktors im Vergleich zu den anderen Faktoren berücksichtigen.

Das Produkt aus Gewichtung und Bewertung des Faktors ergibt einen Gesamtwert, der für die Standortentscheidung relevant ist. Aus der Summe aller Gesamtwerte ergibt sich ein Endwert, mit dessen Hilfe die verschiedenen Standorte miteinander verglichen werden können. Eine gewichtete **Entscheidungsmatrix** zur Bewertung der Faktoren zeigt folgendes Beispiel:

Faktor	Gewichtung	Standort A		Standort B	
		Wertung	Gesamt	Wertung	Gesamt
Bodenpreis	8-fach	7	56	3	24
Lohnkosten	10-fach	6	60	5	50
Steuerlast	5-fach	2	10	6	30
	Summe		**126**		104

Theorien zur Standortwahl

In der Fachwissenschaft gibt es eine Reihe von Theorien und Modellen zum Auffinden des optimalen Standorts. Ein sehr einfaches Modell, bei dem die Transportkosten der zentrale Faktor sind, ist das von Alfred Thünen. Es kann z. B. bei der Errichtung eines Zentrallagers der Post Anwendung finden. Prinzipiell sollte sich das Lager möglichst nahe bei den Kunden befinden. Mit zunehmender Entfernung zu den Kunden wird der Lagerstandort unattraktiver. Sollen z. B. drei annähernd gleich große Orte von einem gemeinsamen Zentrallager bedient werden, befindet sich der optimale Standort in der Schnittmenge dreier konzentrischer Kreise um die Orte. Von dort aus ist der Weg zu allen drei Zielen jeweils möglichst kurz.

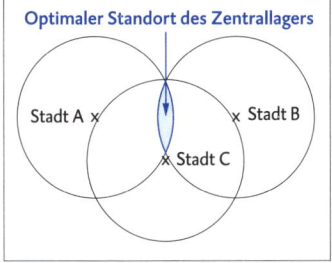

2.3 Wahl der Rechtsform

Die Rechtsform regelt die Organisation und den rechtlichen Aufbau des Unternehmens. Sowohl intern (Verhältnis der Gesellschafter zueinander) als auch extern (Verhältnis der Gesellschafter gegenüber Dritten) werden durch die gewählte Rechtsform die rechtlichen Beziehungen des Unternehmens festgelegt. Erkennen lässt sich die Rechtsform durch die Firma (Name des Unternehmens) oder durch eine Ergänzung des Firmennamens um Zusätze (z. B. „Aktiengesellschaft" ausgeschrieben im Namen oder das Kürzel „AG").

Die wesentlichen Regelungen für Rechtsformen des Privatrechts finden sich im BGB, im HGB, im GmbHG und im AktG. Die einzelnen Rechtsformen unterscheiden sich in zentralen Punkten:

Kriterium	Ausprägungsmöglichkeiten		
Gründerzahl	einer	mind. zwei	mehrere
Gesellschaftsvertrag/Satzung	verpflichtend	frei	–
Leitungsbefugnis	ein bestimmter Gesellschafter	einige bestimmte Gesellschafter	alle Gesellschafter
Gewinn- und Verlustverteilung	zu gleichen Teilen	entsprechend der Einlage	entsprechend der Haftung
Haftung	alle	einige	nur das Gesellschaftsvermögen
Umfang Haftung	das gesamte Gesellschaftsvermögen	auch mit dem Privatvermögen (Vollhafter)	die Einlagen der Gesellschafter (Teilhafter)
Finanzierung	gleiche Teile	ungleiche Teile	–
Kapitalhöhe	Mindestkapital	freie Höhe	–
Steuerbelastung	EinkommenSt	KörperschaftSt	Gewerbesteuer
Publizitätszwang	ja	eingeschränkt	keiner
Firma (Name)	Fantasiename	Name Gründer	gesetzl. Vorgaben
rechtliche Stellung	Vertretung durch Gesellschafter	eigene Rechtspersönlichkeit	–

Folgende Rechtsformen sind in Deutschland am weitesten verbreitet:

	Gründerzahl	Leitung	Haftung	Gewinn- und Verlustverteilung	Kapitaleinlage	Quelle
Einzelunternehmen (e. K.)	ein Gründer	Geschäftsführung und Vertretung allein durch den Eigentümer	Vollhafter (haftet mit gesamten Privatvermögen)	Gewinn/Verlust trägt der Inhaber (zu 100 %)	keine Mindestvorgabe	§§ 1 f. HGB, BGB
Offene Handelsgesellschaft (OHG)	mind. zwei Gründer	alle Gesellschafter sind berechtigt und verpflichtet	alle Vollhafter (mit gesamten Privatvermögen)	Aufteilung nach eingesetztem Kapitalanteil (4 % Verzinsung), Rest nach Köpfen o. nach Vertrag	keine Mindestvorgabe	§§ 105 ff. HGB
Kommanditgesellschaft (KG)	mind. je ein Komplementär, Kommanditist	Geschäftsführung und Vertretung nur durch den Komplementär	Komplementär = Vollhafter, Kommanditist = Teilhafter (haftet nur mit seiner Einlage)	Aufteilung entsprechend Kapitalanteil (4 %), der Rest in einem angemessenen Verhältnis oder nach Vertrag	keine Mindestvorgabe	§§ 161 ff. HGB
Gesellschaft mit beschränkter Haftung (GmbH)	mind. ein Gründer	Geschäftsführung und Vertretung durch Geschäftsführer (einer oder mehrere)	gesamtes Gesellschaftsvermögen haftet, Gesellschafter sind nur Teilhafter (Einlagen)	Aufteilung nach den Anteilen der Beteiligung	ab 1/25 000 € Nennbetrag des Geschäftsanteils	§§ 1 ff. GmbHG
Aktiengesellschaft (AG)	mind. ein Gründer	drei Organe: – Vorstand – Aufsichtsrat – Hauptversammlung	gesamtes Gesellschaftsvermögen haftet, Aktionäre sind Teilhafter (Einlagen)	Dividende wird nach den Anteilen am Grundkapital aufgeteilt, über die Verteilung beschließt die Hauptversammlung	mind. 50 000 € Grundkapital, aufgeteilt in Aktien	§§ 1 ff. AktG

Die vorgestellten Rechtsformen lassen sich in zwei Kategorien zusammenfassen:

Personengesellschaften	Kapitalgesellschaften
• ca. 80 % aller Unternehmen	• ca. 11 % aller Unternehmen
• mind. ein Gesellschafter haftet mit seinem Privatvermögen	• Gesellschaftsvermögen haftet, Gesellschafter nur mit Einlage
• die Leitung erfolgt durch den/die Gesellschafter	• die Leitung kann auch durch externe Personen erfolgen
• der/die Gesellschafter vertritt/ vertreten das Unternehmen nach außen (= natürliche Person)	• das Unternehmen ist eine eigene Rechtspersönlichkeit (= juristische Person, § 13 GmbHG)
• die Publizitätspflicht ist sehr eingeschränkt	• i. d. R. besteht eine umfassende Publizitätspflicht
• unterliegen der Einkommensbesteuerung	• unterliegen der Körperschaftsteuer
• Einzelunternehmen, OHG, KG	• GmbH, AG

Daneben gibt es einige **Sonderformen** (Mischformen) wie z. B.:

- **eG:** Eingetragene Genossenschaft mit den Organen Generalversammlung, Aufsichtsrat, Vorstand.
- **KGaA:** Kommanditgesellschaft auf Aktien; ermöglicht die Beschaffung von Kapital an der Börse.
- **GmbH & Co. KG:** Kommanditgesellschaft (KG) mit einer GmbH als Komplementär; dient zur Beschränkung der Haftung.

Eine Besonderheit stellt der Unternehmenstyp des **Konzerns** dar. Hier finden sich mehrere rechtlich selbstständige, aber wirtschaftlich abhängige Unternehmen unter dem Dach einer Muttergesellschaft **(Holding)** zusammen. Abhängig vom Verhältnis der beteiligten Unternehmen zur Muttergesellschaft unterscheidet man den Unterordnungs- und den Gleichordnungskonzern.

Schließen sich hingegen mindestens zwei Unternehmen zu einem neuen Unternehmen zusammen **(Fusion/Trust)**, so verlieren sie ihre rechtliche Selbstständigkeit. Das neue Unternehmen umfasst nur eine Rechtsform. Man unterscheidet eine Verschmelzung durch Aufnahme in ein bestehendes oder durch Neugründung eines Unternehmens.

2.4 Aspekt der Finanzierung

Mangelnde Liquidität ist die Hauptursache für das Scheitern von Unternehmen in Deutschland. Gleichzeitig besteht bei knapp 70 % der Existenzgründungen ein Bedarf an Fremdfinanzierung, z. B. durch eine Bank.

Zur Ermittlung der Kreditwürdigkeit ihrer Kunden verwenden die Kreditinstitute ein relativ einheitliches Verfahren. Seit 1. 1. 2007 gelten im Bereich des Bank- und Kreditwesens die sogenannten **Basel II-Kriterien**. Im Falle des Kreditantrags eines Betriebs werden z. B. die Bilanz und GuV, wichtige betriebliche Kennzahlen, Liquiditätspläne, Marktanalysen usw. zur Beurteilung herangezogen. Bei einer Beurteilung im Rahmen einer Gründung werden persönliche Voraussetzungen des Gründers (z. B. privates Vermögen, Schulden, Güterstand, Kinder, beruflicher Werdegang, Alter, Branchenkenntnisse) geprüft. Eine zentrale Rolle für die Vergabe und Höhe des potenziellen Kredits spielen dabei auch harte/dingliche (z. B. die Höhe des Eigenkapitals, mögliche Hypotheken, Versicherungen) und weiche **Sicherheiten** (z. B. Bürgschaften) der Kreditnehmer. In Abhängigkeit von der Einstufung wird dann die Höhe des potenziellen Kredits ermittelt.

Die unterschiedlichen Finanzierungsinstrumente lassen sich hinsichtlich zweier Kriterien differenzieren: zum einen, ob das Kapital aus dem Betrieb selbst **(Innenfinanzierung)** oder von außerhalb stammt **(Außenfinanzierung)**; zum anderen, ob es sich um sogenanntes **Eigen-** oder **Fremdkapital** handelt (vgl. S. 71 ff.). Diese Einteilung stammt aus dem Rechnungswesen und differenziert nach der rechtlichen Stellung des Kapitals. Folgende Tabelle gibt die wesentlichen Unterschiede wieder:

Eigenkapital	Fremdkapital
• i. d. R. dauerhaft verfügbar	• zeitlich befristet verfügbar
• Kreditgeber erhält eine Gewinnbeteiligung	• feste Verzinsung als Vergütung
• „Eigentum"	• nur eine Leihe (Darlehen) des Kreditgebers
• i. d. R. Mitspracherecht	• kein Mitspracherecht
• i. d. R. nicht an festes Vergabeverfahren gekoppelt	• umfangreiche Kreditwürdigkeitsprüfung im Vorfeld

2.5 Aufbau- und Ablauforganisation

Unter **Organisation** versteht man die planmäßige Gestaltung von Strukturen, z. B. den Unternehmensaufbau aus Beschaffung, Produktion, Absatz und Management. Hier werden die zentralen, regelmäßig wiederkehrenden Vorgänge in einem Unternehmen klar geregelt. Innerhalb dieses Rahmens müssen immer wieder auch Einzelfallentscheidungen getroffen werden. Sofern es dafür verbindliche Leitlinien und Regelungen gibt, spricht man von **Disposition**. Geschäftsvorfälle, die sich diesen Strukturen nicht unterordnen lassen, können nur durch **Improvisation** gelöst werden. Ziel jeder organisatorischen Planung ist es, die Anzahl der nicht planmäßig erfassten Vorfälle auf ein Minimum zu begrenzen, um Kompetenzstreitigkeiten zu reduzieren, Transparenz zu wahren und den zusätzlichen Verwaltungsaufwand, den derartige Sonderfälle mit sich bringen, zu minimieren, da dieser auch immer mit Kosten verbunden ist. Andererseits geht bei zu großer Regelungsdichte die notwendige Flexibilität verloren, sich auf unerwartete und unvorbereitete Veränderungen einzustellen.

Die betriebliche Organisation gliedert sich in zwei Teilbereiche, die Aufbau- und die Ablauforganisation.

Aufbauorganisation

Eine Gesamtaufgabe wird zunächst in verschiedene Teilaufgaben gegliedert. Diese fasst man anschließend zu Stellen zusammen, wobei jede Stelle später einem Mitarbeiter zugeordnet wird. Stellen mit gleichen oder verwandten Tätigkeiten werden in Abteilungen zusammengefasst:

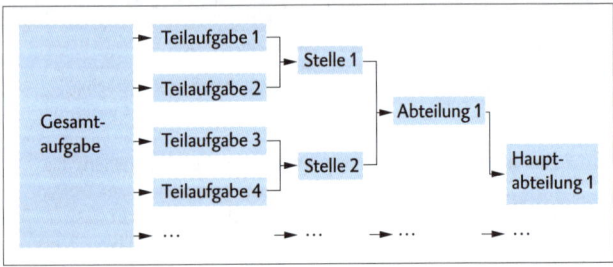

Dabei bestehen verschiedene Möglichkeiten zur Abteilungsbildung:

funktional 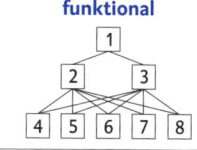	klassische Aufteilung nach den betrieblichen Funktionsbereichen v. a. für kleine Unternehmen mit wenigen Produkten geeignet
divisional 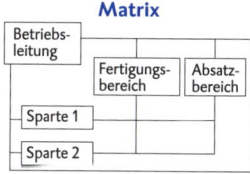	Bei Betrieben mit unterschiedlichen Produktgruppen wird für jede dieser Gruppen eine eigene Divison/Sparte gebildet, z. B. Ski, Sportkleidung v. a. bei besonders differenziertem Produktionsprogramm sinnvoll
Matrix 	Mischform aus divisionaler und funktionaler Organisation. Denkbar sind aber auch andere Varianten, z. B. nach Sparten (Pkw) und Regionen (Asien) v. a. Großbetriebe, bei Produkten mit gemeinsamer Beschaffung

Das Leitungssystem legt fest, wie die einzelnen Stellen unter dem Gesichtspunkt der Weisungsbefugnis/-gebundenheit verbunden sind:

Einliniensystem 	Jede Stelle (Mitarbeiter) hat nur einen direkten Vorgesetzten, von dem er Weisungen empfängt; führt zu straffen, hierarchischen Strukturen.
Mehrliniensystem 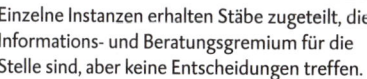	Jede Stelle kann mehrere unmittelbare Vorgesetzte haben. Dies verkürzt die Dienstwege, kann aber zu Kompetenzstreitigkeiten führen.
Stabliniensystem	Einzelne Instanzen erhalten Stäbe zugeteilt, die Informations- und Beratungsgremium für die Stelle sind, aber keine Entscheidungen treffen.

Hinsichtlich der Bewertung (Vor-/Nachteile) der unterschiedlichen Systeme sind folgende Kriterien zu beachten:
- Eindeutigkeit der Anweisung,
- Motivation der Mitarbeiter,
- erforderliche Kompetenzen,
- Möglichkeit der Kontrolle.

Sonderform Projektgruppen/Case-Manager: Zeitlich begrenzte Bildung einer Projektgruppe mit Mitgliedern aus unterschiedlichen betrieblichen Teilbereichen zur Erfüllung einer bestimmten Aufgabe. Nach Bewältigung der Aufgabe wird die Gruppe wieder aufgelöst und die Mitglieder kehren in ihre regulären Abteilungen zurück. Der Projektleiter (Case-Manager) kann bei Bedarf Mitglieder be- und abberufen (z.B. Produktmanager, die ein neues Produkt einführen).

Ablauforganisation

Aufgabe der Ablauforganisation ist eine rationelle Gestaltung der Arbeitsabläufe/-prozesse (= Vorgänge zur Erfüllung betrieblicher Teilaufgaben, die zeitlich und räumlich hinter- und nebeneinander ablaufen).

Während z.B. eine funktionale Organisation eine vertikale Sichtweise fördert (abteilungsintern), verlaufen die betrieblichen Prozesse über Abteilungsgrenzen hinweg (horizontal).

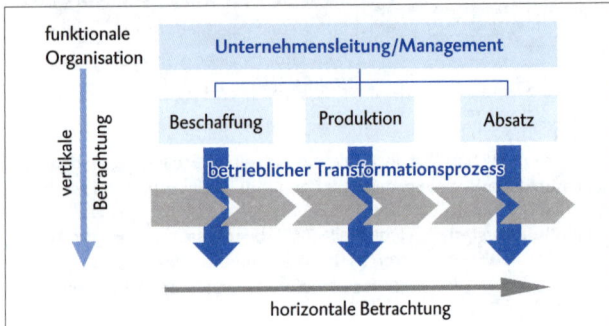

Zielsetzungen der Ablauforganisation sind die
- Gewährleistung eines reibungslosen Ablaufs,
- Wahrung der Qualität des Endprodukts,
- Verkürzung der Prozesszeiten und Terminsicherung,
- Pflege der Arbeitswilligkeit/Motivation der Mitarbeiter.

Die Ablauforganisation muss dabei drei zentrale Fragen klären:
- **Arbeitszuordnung:** Wer erledigt die Aufgabe? (Stelle, Abteilung)
- **Arbeitszeit:** Wann/in wie viel Zeit wird die Aufgabe erledigt? (Zeitfolge, -dauer, -punkt)
- **Arbeitsort:** Wo wird die Aufgabe erledigt? (Büro, Werkstatt …)

3 Der Mitarbeiter im Unternehmen

Qualifizierte und motivierte Mitarbeiter sind ein Schlüssel zum Erfolg eines Unternehmens und somit eine Ressource, mit der man sorgsam umgehen muss.

3.1 Personalstruktur und Aufgabenbereiche

Neue Technologien, ein verschärfter Wettbewerb auf den Absatzmärkten und der steigende Kostendruck zwingen viele Unternehmen dazu, ihre Strukturen zu entschlacken und zu flexibilisieren. Infolgedessen sind auch die Mitarbeiter Veränderungen ausgesetzt, z. B. werden sie konfrontiert mit:

- neuen Formen der Arbeitsgestaltung: Gruppenarbeit, Job Enlargement, Job Rotation, Job Enrichment;
- anderen Arbeitszeit- (richtet sich u. a. nach Arbeitsanfall) und Entgeltsystemen (leistungsorientiert, Cafeteria-System);
- der Notwendigkeit, sich neues Wissen (selbstständig) anzueignen.

Das Personalmanagement kann den notwendigen Wandel auf vielfältige Art und Weise unterstützen:

- Mitarbeiter vom Wandel überzeugen (informieren, motivieren, Anreize in Aussicht stellen, ihre Bedenken/Ängste ernst nehmen …);
- verstärkt in Aus- und Weiterbildung investieren;
- Führungskräfte und Vorgesetzte als Multiplikatoren schulen;
- bei Schwierigkeiten vermitteln und individuelle Lösungen finden;
- das Personal sorgfältig auswählen (klären, ob die Bewerber lernbereit und flexibel sind und ob sie Potenzial haben).

3.2 Personalbedarf und -beschaffung

Das betriebliche Personalwesen und die verschiedenen Unternehmensbereiche arbeiten bei der Ermittlung des Personalbedarfs zusammen.

Komponenten des Personalbedarfs

Um eine gute Planungsgrundlage zu haben, lohnt es sich, den Personalbedarf genau zu bestimmen. Sinnvoll ist eine Unterscheidung in vier Dimensionen:

- **Quantität:** Wie viele Mitarbeiter werden benötigt?
- **Qualität:** Über welche Qualifikationen müssen sie verfügen?
- **Zeit:** Wann benötigt man sie? Wie lange werden sie benötigt?
- **Ort:** Wo werden sie benötigt?

Die quantitativen und qualitativen Anforderungen ergeben sich aus einer Reihe verschiedener Einflussfaktoren (Determinanten). Dazu zählen das eigentliche Produkt und das beabsichtigte Produktionsvolumen ebenso wie der technologische und organisatorische Stand, nach dem produziert wird.

	Personalbedarf	
	quantitativ	qualitativ
Aufgabe	Produktionsmenge, Bearbeitungszeit	Aufgabenschwierigkeit, Anforderung der Arbeit
Betriebsmittel	Rationalisierungen (Mensch–Maschine)	verwendete Technologien, Maschinen, Computer
Organisation	Anzahl der Hierarchieebenen	Art der Organisation, Entscheidungsfreiheit
externe Faktoren	Gesetze, Bürokratie, Konkurrenz, Konjunktur, Tarifabschlüsse	

Personalbeschaffung

Prinzipiell stehen jedem Unternehmen interne (im eigenen Betrieb) und externe Quellen zur Personalbeschaffung zur Verfügung:

interne Personalbeschaffung	externe Personalbeschaffung
• Mehrarbeit vorhandener Mitarbeiter • innerbetriebliche Stellenausschreibung • Versetzung von Mitarbeitern • Personalentwicklung (z. B. Azubis)	• Werbung durch das Unternehmen selbst (z. B. Stellenanzeigen) • Vermittlung durch Dritte (z. B. Arbeitsvermittlung, Zeitarbeit) • Initiativbewerbung Externer

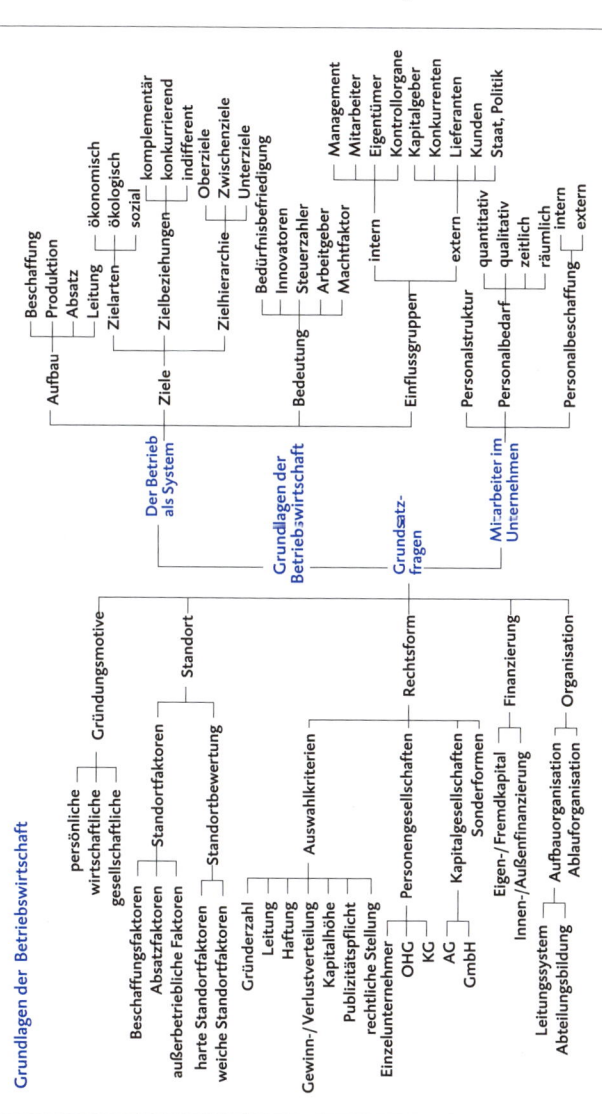

Grundlagen der Betriebswirtschaft

Der Betrieb als System
- Aufbau
  - Beschaffung
  - Produktion
  - Absatz
  - Leitung
- Ziele
  - Zielarten
    - ökonomisch
    - ökologisch
    - sozial
  - Zielbeziehungen
    - komplementär
    - konkurrierend
    - indifferent
  - Zielhierarchie
    - Oberziele
    - Zwischenziele
    - Unterziele

Grundlagen der Betriebswirtschaft

Grundsatzfragen
- Gründungsmotive
  - persönliche
  - wirtschaftliche
  - gesellschaftliche
- Standort
  - Standortfaktoren
    - Beschaffungsfaktoren
    - Absatzfaktoren
    - außerbetriebliche Faktoren
  - Standortbewertung
    - harte Standortfaktoren
    - weiche Standortfaktoren
- Rechtsform
  - Auswahlkriterien
    - Gründerzahl
    - Leitung
    - Haftung
    - Gewinn-/Verlustverteilung
    - Kapitalhöhe
    - Publizitätspflicht
    - rechtliche Stellung
  - Einzelunternehmer
  - Personengesellschaften
    - OHG
    - KG
  - Kapitalgesellschaften
    - AG
    - GmbH
  - Sonderformen
- Finanzierung
  - Eigen-/Fremdkapital
  - Innen-/Außenfinanzierung
- Organisation
  - Aufbauorganisation
    - Leitungssystem
    - Abteilungsbildung
  - Ablauforganisation

Mitarbeiter im Unternehmen
- Bedeutung
  - Bedürfnisbefriedigung
  - Innovatoren
  - Steuerzahler
  - Arbeitgeber
  - Machtfaktor
- Einflussgruppen
  - intern
    - Management
    - Mitarbeiter
    - Eigentümer
    - Kontrollorgane
  - extern
    - Kapitalgeber
    - Konkurrenten
    - Lieferanten
    - Kunden
    - Staat, Politik
- Personalstruktur
- Personalbedarf
  - quantitativ
  - qualitativ
  - zeitlich
  - räumlich
- Personalbeschaffung
  - intern
  - extern

Materialwirtschaft

1   Aufgaben und Ziele

Aufgabe der Materialwirtschaft ist es, am Markt die richtigen Materialien, in der richtigen Menge, in der richtigen Qualität, zum richtigen Zeitpunkt und zu den richtigen (meist minimalen) Kosten auszuwählen und anschließend zu beschaffen.

Nach Anlieferung der Materialien ist die Materialwirtschaft auch für die **Lagerung und den innerbetrieblichen Transport** verantwortlich. **Gegenstände** der Beschaffung sind:

Werkstoffe	
Rohstoffe:	Gehen in das Endprodukt ein, gehören zu den Hauptbestandteilen (z. B. Blech bei einem Pkw).
Hilfsstoffe:	Gehen als Nebenbestandteile in das Endprodukt mit ein (z. B. Schrauben, Dichtungen in einem Pkw).
Betriebsstoffe:	Werden im Zuge des Fertigungsprozesses verbraucht (z. B. Strom zum Betrieb der Industrieroboter).
Vorprodukte:	Sind einzelne Teile oder Module/Baugruppen, die von Zulieferern erstellt werden (z. B. fertiger Kabelbaum).
Handelswaren:	Sind fertige Waren, die der Betrieb zur Ergänzung seiner Produktpalette einkauft. Sie werden nicht weiter verändert (z. B. Zubehörteile, Merchandising-Artikel).
Dienstleistungen	
Die Bereitstellung oder Erstellung von Dienstleistungen, z. B. Qualitätskontrollen, Instandhaltung, erfolgt ebenfalls durch die Beschaffung.	

Nach erfolgter Verarbeitung und dem Verkauf der Produkte ist die Materialwirtschaft für die **Entsorgung** von entstandenen **Abfallstoffen** und möglichem **Ausschuss** zuständig.

Ziele der Materialwirtschaft sind:
- quantitative und qualitative Sicherung des Materialbedarfs,
- Kostenminimierung (Kapitalbindung, Abfall/Ausschuss),
- Sicherstellung des Transports der Materialien.

2 Der Materialbedarf

Der Materialbedarf eines Unternehmens schwankt je nach Auftragslage bzw. Nachfrage der Kunden. Aufgabe der Bedarfsplanung ist es, den tatsächlichen Bedarf zu ermitteln. Anhaltspunkte dafür liefert zunächst die **Programmplanung**, in der festgelegt wird, welche Produktarten in welchen Stückzahlen in der nächsten Zeit gefertigt werden sollen. Ferner kann den **Stücklisten** entnommen werden, aus welchen Einzelteilen sich das jeweilige Produkt zusammensetzt. Um die Zahl der benötigten Einzelteile zu reduzieren, sind viele Hersteller dazu übergegangen, ihre Produkte nicht mehr komplett aus Einzelteilen herzustellen, sondern von Zulieferbetrieben vormontierte Module zu verwenden **(Modularisierung)**. Zusätzlich können durch **Standardisierung** viele Teile auch in unterschiedlichen Produkten verwendet werden **(Plattform-Strategie)**, was zusätzlich den Beschaffungs- und Planungsaufwand vereinfacht. Man unterscheidet folgende **Bedarfsarten:**

- **Primärbedarf:** Umfasst die Menge der verkaufsfähigen Güter und Dienstleistungen. Lässt sich aus den Vorgaben der Kundenaufträge oder der Absatzplanung ermitteln (Endprodukte).
- **Sekundärbedarf:** Umfasst die zur Produktion des Primärbedarfs notwendigen Komponenten (Einzelteile, Baugruppen, Rohstoffe). Lässt sich den Stücklisten entnehmen.
- **Tertiärbedarf:** Umfasst den Bedarf an Betriebsstoffen, die im Rahmen der Herstellung des Primärbedarfs benötigt werden.

Da sich in der Regel ein Teil der benötigten Erzeugnisse (primär, sekundär und tertiär) bereits im Lager befindet, wird der **Brutto-** vom **Nettobedarf** (nach Abzug der Lagerbestände) unterschieden.

Zur **Bedarfsermittlung** kann sich die Bedarfsplanung an folgenden Verfahren orientieren:

- **Orientierung am Bedarf:** Anhand der Kundenaufträge oder der Absatzpläne und Stücklisten wird der benötigte Materialbedarf exakt errechnet (deterministische Methode).
- **Orientierung am Verbrauch:** Anhand der Verbrauchswerte der Vergangenheit wird der zukünftige Bedarf vorhergesagt, z. B. bei den Betriebsstoffen und Kleinteilen (stochastische Methode).
- Bei der Herstellung völlig neuer Produkte muss teilweise auch auf **Schätzungen** zurückgegriffen werden (heuristische Methode). Dabei werden, soweit möglich, Erfahrungswerte von vergleichbaren Produkten angewendet.

2.1 Ermittlung des Bestellzeitpunkts

Die Berechnung des optimalen Bestellzeitpunkts erfolgt u. a. nach dem **Bestellpunktverfahren**, bei dem die Bestellung ausgelöst wird, wenn ein bestimmter Meldebestand (= Bestellpunkt) erreicht ist.

Der Meldebestand entspricht dem Tagesverbrauch mal der benötigten Beschaffungszeit (in Tagen) zuzüglich eines Sicherheitsbestandes.

Je kürzer die Beschaffungszeit und je zuverlässiger der Lieferant, desto geringer kann der Sicherheitsbestand sein.

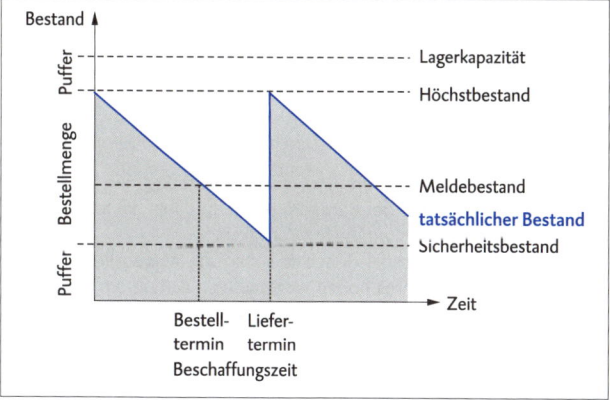

Beim **Bestellrhythmusverfahren** wird unabhängig vom jeweiligen Lagerbestand in bestimmten zeitlichen Abständen bestellt, z. B. jeweils am Monatsende. Die Bestellmenge richtet sich nach dem aktuellen Bedarf.

Die Abbildung zeigt, dass beim Bestellrhythmusverfahren zu jeweils einem festen Bestellzeitpunkt ($T_0 - T_X$, i. d. R. in festen Zeitintervallen, z. B. zum Monatsende) die jeweils verbrauchte Menge nachbestellt wird, um den ursprünglichen Bestand (zum Zeitpunkt T_0) wieder zu erreichen. Dieser kann z. B. die vorhandene Lagerkapazität sein. Anders als beim Bestellpunktverfahren wird die Bestellung nicht automatisch bei einer bestimmten Menge ausgelöst. Die geordnete Menge kann sich also pro Bestellung unterscheiden. Für den Lieferanten hat das Verfahren den Vorteil, dass der Kunde in einem festen Rhythmus bedient wird und sich somit z. B. Routen besser planen lassen (z. B. üblicherweise im Einzelhandel, wo jeden Montag, Mittwoch und Freitag z. B. frisches Gemüse geliefert wird, wobei die Menge in Abhängigkeit von den Verkaufszahlen variiert. Nach der Lieferung sind die Regale wieder aufgefüllt).

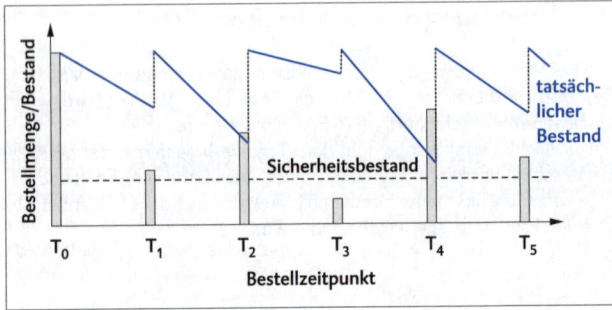

2.2 ABC-Analyse

Die ABC-Analyse ist ein Verfahren zur Bestimmung der Wichtigkeit eines Objektes. Objekte der Kategorie A haben dabei die höchste, Objekte der Kategorie C die geringste Wertigkeit.

Im Rahmen der Materialwirtschaft sollen die Materialien ermittelt werden, die aufgrund ihres hohen wertmäßigen Anteils am Gesamtbedarf von besonderer Bedeutung sind. Sie lassen sich ermitteln, indem Verbrauchswert und -menge der Güter in Relation zueinander gesetzt werden. Dies soll anhand eines Beispiels deutlich werden:

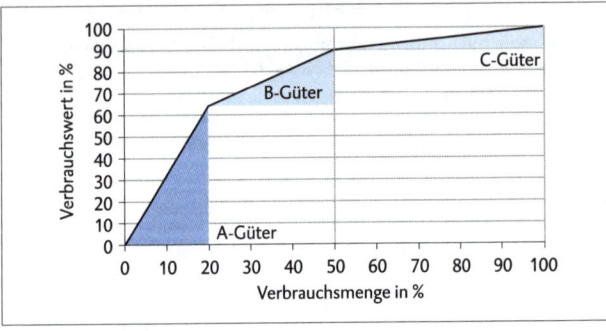

A-Güter umfassen im Beispiel zwar nur einen geringen Teil der Verbrauchsmenge (20 %), stellen aber einen Großteil des Verbrauchswerts (65 %) dar. **B-Güter** umfassen sowohl eine mittlere Verbrauchsmenge (30 %) als auch einen mittleren Verbrauchswert (25 %). **C-Güter** bestehen aus vielen Lagerpositionen (50 %), verkörpern aber nur einen geringen Verbrauchswert (10 %).

Die Analyse zeigt, bei welchen Gütern ein größerer Beschaffungsaufwand wirtschaftlich sinnvoll ist und größere Kostensenkungen (z. B. durch Mengenrabatte oder billigere Substitute) erwartet werden können: Aufgrund des hohen Werts sollte sich das Unternehmen bei A-Gütern intensiv um Preis- und Kostensenkungen, exakte Mengenplanung und relativ geringe Bestände (sonst hohe Kapitalbindung) bemühen und sich ggf. über kostengünstige Eigenherstellung Gedanken machen. Es empfiehlt sich die bedarfsgesteuerte Materialdisposition. C-Güter verkörpern zwar eine große Verbrauchsmenge, haben aber nur einen geringen Wert. Ein etwas höherer Lagerbestand hat nur geringe Auswirkungen auf die Wirtschaftlichkeit. Hier kann auch die verbrauchsorientierte Materialdisposition angewendet werden.

Fazit: Durch den Einsatz der ABC-Analyse ist es möglich,

- Wesentliches von Unwesentlichem zu trennen (z. B. den Arbeitsaufwand bei C-Materialien zu reduzieren),
- wirtschaftlich bedeutende Materialien zu erkennen,
- die Wirtschaftlichkeit der gesamten Materialwirtschaft zu steigern,
- wichtige Entscheidungen zu fundamentieren,
- die Transparenz in der Materialwirtschaft zu erhöhen.

2.3 Angebotsvergleich und -entscheidung

Zur Auswahl des bestgeeigneten Lieferanten ist ein Angebotsvergleich durchzuführen. Für die Bewertung sind folgende Kriterien relevant:

quantitative Kriterien	qualitative Kriterien
- Angebotspreis - Preisnachlässe (z. B. Rabatte, Boni) - Zahlungsbedingungen (z. B. Skonto, Zahlungsfrist) - Lieferbedingungen (z. B. Verpackungs- und Beförderungsaufwendungen)	- Produktqualität - Zuverlässigkeit - Umweltverträglichkeit - Serviceleistungen - Garantie und Kulanz

Um die Entscheidung für einen geeigneten Lieferanten treffen zu können, bieten sich wiederum Scoring-Verfahren, z. B. in Form einer gewichteten Entscheidungsmatrix (vgl. S. 13), an.

2.4 Die optimale Bestellmenge

Wie bereits festgestellt, ergibt sich der Materialbedarf eines Betriebs aus dem Verbrauch von Vorräten im Zuge der Fertigung und/oder des Verkaufs der Produkte (vgl. S. 26). Grundsätzlich hat das Unternehmen dafür zwei Möglichkeiten: Entweder hält es einen großen Lagerbestand an Vorräten und bestellt in längeren Zeitabständen große Mengen der benötigten Güter, oder der Lagerbestand ist relativ gering und es werden häufiger relativ kleine Mengen bestellt.

Die **optimale Bestellmenge** ist diejenige Menge, bei der die Summe aus Bestell-/Beschaffungs- und Lagerhaltungskosten je Stück am geringsten ist.

Große Bestände an Vorräten verursachen hohe **Lagerkosten** (z. B. Miete, Personalkosten). Zusätzlich binden sie Kapital und verursachen Zinskosten. Andererseits profitiert das Unternehmen von großen Bestellmengen. Je größer die bestellte Menge ist, umso eher ist der Lieferant bereit, z. B. Mengenrabatte einzuräumen, und auch die bestellfixen Kosten (z. B. Transport- und Verwaltungskosten) verteilen sich auf eine größere Stückzahl. D. h., die **Bestellkosten** pro Stück sinken. Sind Absatzschwierigkeiten erkennbar, muss der Betrieb die Einkaufsmengen reduzieren, um nicht auf einem „Berg" von Vorräten „sitzen zu bleiben".

Analog verhält es sich bei einem kleinen Lagerbestand und einer häufigeren Bestellung kleinerer Mengen. Dabei besteht allerdings ein gewisses Risiko, wenn z. B. die Preise der Güter steigen oder Beschaffungsschwierigkeiten auftreten. Ist das zu erwarten, muss aus Sicherheitsgründen die Bestellmenge entsprechend vergrößert werden (Aufbau eines Spekulationslagers).

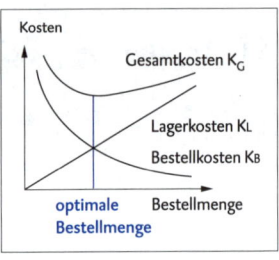

D. h., in der Praxis ist die Ermittlung der optimalen Bestellmenge ungleich komplizierter, da eine Fülle von unterschiedlichen und sich verändernden Aspekten mitberücksichtigt werden muss. Eine exakte Berechnung der optimalen Bestellmenge eignet sich also vor allem bei Gütern mit einem hohen Warenwert. Ebenso ist zu beachten, dass nicht immer gewährleistet ist, dass der Lieferant die optimale Menge auch tatsächlich liefern kann.

Die **Berechnung der optimalen Bestellmenge** kann nach zwei unterschiedlichen Verfahren erfolgen:

a) $K_G = K_L + K_B$ Die optimale Bestellmenge liegt beim Minimum von

$$K_G: K_G' = 0 \text{ mit } \frac{\Delta K}{\Delta x} \text{ für } \Delta x \to 0$$

b)   Andlersche Formel:

$$\text{Opt. Bestellmenge} = \sqrt{\frac{2 \cdot \text{Jahresbedarf} \cdot \text{fixe Bestellkosten}}{\text{Einstandspreis} \cdot (\text{Zinssatz} + \text{Lagerkostensatz})}}$$

2.5 Das Just-in-time-System

Ende der 1970er-Jahre entwickelte der Automobilhersteller Toyota ein völlig neues Fertigungskonzept, das „Toyota Produktionssystem". Im Zuge einer „Verschlankung" des gesamten Unternehmens wurde dabei auch der Bereich der Materialwirtschaft umorganisiert und deutlich verkleinert, um so Kosten einzusparen.

Dazu wurde das Just-in-time-System eingeführt, bei dem die zur Produktion benötigten Materialien und Vorprodukte von den Zulieferern möglichst **synchron zur Fertigung** bei Toyota angeliefert wurden.

Dadurch ließen sich die Vorratsbestände und damit verbundene Zins- und Lagerkosten bei Toyota auf ein absolutes Minimum reduzieren.

Die Zulieferbetriebe sind verpflichtet, die benötigten Materialien zeitnah und in genau der richtigen Reihenfolge an die jeweiligen Einbaustationen im Produktionsprozess zu liefern. Um zusätzlich den Produktionsprozess in der Endmontage zu beschleunigen, werden in der Regel nicht Einzelteile, sondern bereits vorgefertigte Module (z. B. das komplette Getriebe, Armaturenbrett, Kabelstränge) geliefert.

Damit das System reibungslos funktioniert, müssen mehrere Voraussetzungen erfüllt sein. Gleichzeitig ergeben sich einige Problemfelder:

Anforderungen des JIT-Systems	Problemfelder
• enge und reibungslose Kommunikation zwischen Lieferant und Weiterverarbeiter (z. B. gemeinsames Datenbanksystem) • standardisierte Bestellvorgänge • kurze Reaktionszeiten des Lieferanten • exakte Einhaltung der Liefertermine	• hohe Störanfälligkeit des Systems (z. B. verzögerte Anlieferung infolge von Stau) • erhöhtes Transportaufkommen infolge geringerer Mengen • hohe Konventionalstrafen bei Lieferverzug • Lagerhaltung wird auf den Lieferanten abgewälzt

- Einhaltung der Qualitätsanforderungen
- Einbeziehung des Lieferanten in die Entwicklung zur Qualitätssicherung

- Umweltbelastung
- höhere Lieferkosten infolge häufigerer Anlieferung (geringe/keine Lagerbestände)

Das System wurde immer weiterentwickelt und es wurden zunehmend weitere Teilaufgaben an die Lieferanten ausgelagert **(Outsourcing)**, sodass heute die Zulieferer meist in einer engen Kooperation mit dem Abnehmer stehen. Diese kann sich z. B. auf gemeinsame Forschung und Entwicklung von neuen Zulieferteilen, Qualitätskontrollen und -verantwortung sowie auf die Montage der gelieferten Teile durch Mitarbeiter des Lieferanten im Werk des Herstellers erstrecken. Zulieferer bieten heute umfangreiche Problemlösungen für den Weiterverarbeiter an, sodass sie auch als **Systemlieferanten** bezeichnet werden.

Aus dieser engen Kooperation resultiert oft zwangsläufig die Bindung des Weiterverarbeiters an meist nur noch einen Lieferanten für jeden Teilbereich **(Single Sourcing)**. Dies birgt die Gefahr einer wechselseitigen Abhängigkeit.

Eine Sonderform des Just-in-time-Systems stellt das **Delivery on demand** dar. Dieses Verfahren wird häufig von Spezialunternehmen (z. B. Herstellern von Luxusartikeln oder Spezialmaschinen) praktiziert. Die Materialbeschaffung erfolgt erst, wenn ein Auftrag seitens der Produktion vorliegt, der einen Bedarf auslöst (z. B. Bau einer neuen Luxus-Motorjacht). Aufgrund der hohen Kosten eignet sich dieses Verfahren aber nur bei Sonderanfertigungen und Unikaten mit hohem Wert.

2.6 Ökologische Aspekte der Bestellung

Seit den 80er-Jahren des 20. Jahrhunderts lässt sich ein **wachsendes Umweltbewusstsein** in der Gesellschaft feststellen. Umweltschutz ist zu einem wichtigen Wettbewerbsfaktor der Betriebe geworden. Daher ist es für jedes Unternehmen nicht nur ökologisch, sondern auch ökonomisch sinnvoll, wenn es gefährliche Stoffe substituiert, Verpackungen reduziert, Reststoffe verwertet, Abfälle umweltschonend entsorgt und generell mit Rohstoffen sowie Energie sparsam umgeht.

Umweltbewusstes Verhalten fängt bereits bei der Beschaffung an. So sind die **Materialien und Produkte** zu überprüfen hinsichtlich der

- Gesundheitsverträglichkeit des Produkts und des Produktnutzens,
- Lärm- und Schadstoffemission sowie des Energieverbrauchs,
- Möglichkeit einer sparsamen Verwendung,

- Reparatur- und Wartungsfreundlichkeit,
- Qualität entsprechend der zu erwartenden Lebensdauer,
- Kompatibilität mit zu erwartenden Produktinnovationen.

Grundsätzlich sollte bei den **Verpackungen** insbesondere geachtet werden auf deren

- Wiederverwendbarkeit (Trend zu Mehrwegverpackungen),
- Andersverwendbarkeit (z. B. essbare Lebensmittelverpackungen, Glasverpackungen als Trinkgefäße im Haushalt, Nutzung von Plastiktragetaschen als Müllbeutel),
- Wiederverwertbarkeit (Recycling)

Im Hinblick auf den **Warentransport** sollten die Bestellmengen relativ groß sein und die Lieferung mittels umweltschonenderer Transportmittel (z. B. Bahn) erfolgen. Dem steht allerdings die Tendenz zur Reduktion von Lagerbeständen (Just-in-time) entgegen.

Der Gesetzgeber nimmt Unternehmen zunehmend in die Pflicht. So wurden in den letzten Jahren **zahlreiche Gesetze** verabschiedet, die dem Umweltschutz dienen, darunter das Bundesnaturschutzgesetz, das Kreislaufwirtschafts- und Abfallgesetz und das Bundes-Immissionsschutzgesetz. Mittlerweile ergibt sich bereits allein aus dem Betrieb einer Anlage eine **Schadensersatzpflicht für Umweltschäden** (verschuldensunabhängige Haftung nach dem Umwelthaftungsgesetz).

3 Wareneingang und Lagerung

3.1 Wareneingangskontrolle

Im Zuge der zunehmenden Individualisierung der Nachfrage und eines sich verschärfenden Wettbewerbs ist neben dem Preis die **Qualität** ein wichtiges Abgrenzungskriterium zur Konkurrenz. Darunter versteht man alle physischen (technische Eigenschaften) und psychischen Merkmale (Produktgestaltung) eines Produkts/einer Dienstleistung, die der Kunde wünscht. Hohe Qualität kann anteilig auch eine zu geringe preisliche Wettbewerbsfähigkeit ausgleichen (z. B. Image „Made in Germany").

Um eine durchgängig hohe Produktqualität zu gewährleisten, wird bereits im Rahmen der Wareneingangskontrolle die Qualität der gelieferten Rohstoffe und Vorprodukte untersucht. Damit wird zudem verhindert, dass es im Rahmen der Produktion zu unnötigen Nacharbeiten oder zu Ausschuss kommt. Diverse Rückrufaktionen, z. B. von Automobilherstellern, zeigen, dass die Beseitigung von Qualitätsmängeln nach Fertigstellung des Produkts häufig nur mit erheblichen Mehrkosten möglich ist und zugleich das Image einer Marke stark beschädigen kann. Als Kontrollverfahren haben sich etabliert:

- **Vollkontrolle (100 %):** Ausnahmslos jedes Erzeugnis wird überprüft. Dieses Verfahren ist extrem zeit- und kostenaufwendig und bietet sich daher nur bei höherwertigen Gütern sowie Erzeugnissen an, bei denen hohe Sicherheitsanforderungen bestehen, z. B. bei medizinischen Geräten, Feuerlöschern, Unikaten.
- **Stichprobenkontrolle:** Nur ein Teil der Waren wird überprüft. Liegt die Fehlerquote der Stichprobe unter einem bestimmten Soll-Wert, so gilt die Qualitätsprüfung der gesamten Lieferung als bestanden; z. B. Kaffee, Nägel, Textilien, Druckerzeugnisse.

Neben der betriebsinternen Kontrolle ist eine **Verlagerung der Qualitätskontrolle auf den Lieferanten** denkbar. Dies hilft, Zeit und Kosten im eigenen Betrieb einzusparen, macht aber abhängig von der Zuverlässigkeit des externen Partners. Dieser wiederum erhält die Chance, Fehler noch im eigenen Betrieb zu erkennen und dort relativ kostengünstig nachzubearbeiten.

Die Hersteller versuchen, die Kosten der Qualitätsprüfung für Zulieferteile zu senken, indem die Zulieferer Mindestanforderungen erfüllen müssen. Die **Zertifizierung** der Zulieferer erfolgt dabei durch einen unabhängigen Dritten, der die Übereinstimmung des Unternehmens mit bestimmten Anforderungen bescheinigt (vgl. S. 62 ff.).

3.2 Lagerarten

Lager lassen sich nach den folgenden Kriterien unterscheiden:

Kriterium	Beispiele
Standort	ein Zentrallager oder mehrere dezentrale Lager
Eigentum	eigenes Lager oder gemietetes Fremdlager
Funktion	orientiert an den Zielen der Einlagerung, z. B.: Reservelager, Manipulationslager (eine Lagerung gehört hier zum Produktionsvorgang, z. B. Reifung von Weinen oder Käse), Spekulationslager
Anforderung	geschlossenes oder offenes Lager, Kühllager
Produktionsstufe	Einlagerungs-, Zwischen-, Endlager

Methoden der Lagerordnung

Ein klassisches Warenlager arbeitet nach dem **Festplatzsystem**, bei dem jedem Lagergut ein bestimmter Lagerplatz zugewiesen wird. Auch bei Nachbestellungen werden die gleichen Güter immer an demselben Platz zwischengelagert (ähnlich einem Regal im Supermarkt). Lagergütern mit einem hohen Umschlag wird dabei häufig ein bevorzugter Lagerplatz eingeräumt, der z. B. gut zu erreichen ist oder sich nahe bei der Produktion befindet.

Dank der Möglichkeiten moderner Datenbanksysteme und der elektronischen Gütererfassung findet zunehmend das **Freiplatzsystem** Anwendung, bei dem die Güter auf jeweils freien Plätzen im Lager abgestellt werden. Diese haben eine feste Nummer, und in der zentralen Datenbank wird vermerkt, welches Gut auf welchem Lagerplatz abgelegt wurde. Einen festen Platz für ein bestimmtes Gut gibt es dabei nicht. Dieses Verfahren wird heute meist bei modernen vollautomatisierten Hochregallagern angewendet.

Lagerstrategien

Folgende Strategien regeln die Einlagerung und Entnahme von Waren:

- **Fifo-Prinzip** (first in – first out): Die Ware, die zuerst eingelagert wurde, verlässt auch als erste wieder das Lager. Dieses Verfahren bietet sich vor allem bei verderblicher Ware an. In der Praxis wird dieses Verfahren mittels Durchlaufregalen unterstützt, die von der einen Seite immer aufgefüllt werden und bei denen die Entnahme immer auf der anderen Seite des Regals erfolgt. So ist zwangsläufig gewährleistet, dass die Ware nicht veraltet/verdirbt.

- **Lifo-Prinzip** (last in – last out): Die zuletzt eingelagerte Ware wird auch als erste wieder dem Lager entnommen. Dieses Verfahren kann nur bei nicht-verderblicher Ware verwendet werden. Hierfür eignen sich „klassische" Regale, Schubfächer oder Boxen, die von der gleichen Seite gefüllt und auch wieder geleert werden.

3.3 Kennzahlen der Lagerhaltung

Die Wirtschaftlichkeit der Lagerhaltung kann anhand verschiedener **Lagerkennzahlen** beurteilt werden:

Der **durchschnittliche Lagerbestand** sagt aus, welcher Warenwert zu Einstandspreisen durchschnittlich auf Lager ist. In dieser Höhe ist ständig Kapital gebunden.

$$\text{durchschnittl. Lagerbestand} = \frac{\text{Jahresanfangsbestand} + \text{Jahresendbestand}}{2}$$

$$= \frac{\text{Jahresanfangsbestand} + 12\,\text{Monatsbestände}}{13}$$

Die **Lagerumschlagshäufigkeit** zeigt an, wie oft sich der Lagerbestand in einem Jahr umgeschlagen hat.

$$\text{Lagerumschlagshäufigkeit} = \frac{\text{Jahresverbrauch}}{\text{durchschnittlicher Lagerbestand}}$$

Die **durchschnittliche Lagerdauer** gibt an, wie lange Waren im Durchschnitt im Lager waren. Je höher der Lagerumschlag, desto geringer die durchschnittliche Lagerdauer.

$$\text{durchschnittliche Lagerdauer} = \frac{360\,\text{Tage}}{\text{Lagerumschlagshäufigkeit}} \quad [\text{bei einem Jahr}]$$

Der **Lagerzinsfuß** gibt an, wie viel Prozent Zinsen für das in den Lagervorräten investierte (somit gebundene) Kapital einkalkuliert werden müssen. Je kürzer die durchschnittliche Lagerdauer, desto niedriger die Zinskosten der Lagerhaltung.

$$\text{Lagerzinsfuß} = \frac{\text{Jahreszinsfuß} \cdot \text{durchschnittliche Lagerdauer}}{360\,\text{Tage}}$$

Waren bzw. der Wert der Waren, die im Lager gebunden sind, stellen für den Betrieb „totes Kapital" dar. Bei einem geringeren Lagerbestand könnte dieses Geld auch gewinnbringend angelegt werden. Daher werden für die Lagerbestände kalkulatorische **Zinsen** errechnet. Je kürzer die Lagerdauer, desto geringer fallen diese aus.

$$\text{Lagerzinsen} = \frac{\text{Wert des durchschnittlichen Lagerbestands} \cdot \text{Lagerzinssatz}}{100}$$

4 Zahlungsabwicklung

Wird ein Angebot ohne Änderung angenommen und ist kein Zahlungs-
zeitpunkt bestimmt oder lässt er sich nicht aus den Umständen des
Rechtsgeschäfts entnehmen, muss der Käufer sofort nach Übergabe der
Ware bezahlen. Bei den Preisen unterscheidet man Brutto- und Nettopreise:

- **Nettopreise:** Hier sind keinerlei Preisabzüge mehr möglich. Die For-
  mulierung lautet z. B. „Zahlbar ohne jeden Abzug".

- **Bruttopreise:** In diesem Fall lässt der Anbieter noch Preisabzüge zu,
  die allerdings an bestimmte Bedingungen geknüpft sind.

Mögliche Formen von **Preisabzügen** sind:

- **Rabatt:** Preisnachlass, der unabhängig von der vereinbarten Zahlungsfrist gewährt wird. Man unterscheidet z. B. Mengen-, Treue-,
  Wiederkäufer- und Sonderrabatte.

- **Bonus:** Preisnachlass, der nachträglich gewährt wird. Nach Erreichen
  einer bestimmten Umsatzsumme (Bonus) wird dem Kunden eine
  Rückvergütung gewährt.

- **Skonto:** Preisnachlass, den der Kunde erhält, wenn er vorzeitig, innerhalb einer bestimmten Frist, bezahlt, z. B. 3 % Skonto bei Zahlung
  innerhalb von einer Woche, 30 Tage netto ab Rechnungsdatum.

Wird sowohl ein Rabatt als auch Skonto gewährt, wird zuerst der Rabatt
vom Kaufpreis abgezogen. Der Skonto bezieht sich immer auf den tatsächlich geschuldeten Betrag. Als **Bezugs- oder Einstandspreis** wird
der dann tatsächlich aufzubringende Preis bezeichnet.

Der Zeitraum, der für die Fälligkeit einer Zahlung festgelegt wird,
wird als **Zahlungsfrist** bezeichnet. Geläufige Zahlungszeitpunkte und
-modalitäten sind:

- **Vorauskasse/Vorauszahlung:** Hier muss der Gesamtbetrag noch
  vor Übergabe der Ware in bar/durch eine beliebige Zahlungsart ent-
  richtet werden. Erst danach erhält der Käufer die Ware.

- **Anzahlung:** Ein Teil des Kaufpreises ist vorab zu entrichten, z. B. als
  Sicherheit für den Verkäufer.

- **Teilzahlung:** Die Summe muss nicht komplett, sondern kann in klei-
  neren Stückelungen bezahlt werden (ermöglicht z. B. einem kleinen
  Textilhändler, die Ware erst zu verkaufen, ehe die Rechnung vollständig beglichen werden muss).

Es bestehen heute vielfältige Verfahren, um Zahlungen zu erbringen. Die wichtigsten **klassischen Zahlungssysteme** sind:

- **Barzahlung:** Komplette Zahlung in Münzen und Scheinen (bar).
- **Überweisung/Online-Überweisung:** Umbuchung eines Geldbetrags vom Girokonto des Inhabers auf das Girokonto des Begünstigten im Auftrag des Zahlungspflichtigen (Buchgeld).
- **Scheck:** Anweisung des Kontoinhabers an eine Bank, gegen Vorlage des Schecks einen bestimmten Geldbetrag zulasten seines Kontos an den Scheckeinreicher auszuzahlen (= Barscheck). Bei einem Verrechnungsscheck zieht die Bank des Scheckeinreichers den Betrag vom Girokonto des Schuldners ein (bargeldlos).
- **Wechsel:** Banken ermächtigen Kunden hoher Bonität (Kreditwürdigkeit), Wechsel(-kredite) selbstständig ausstellen zu dürfen. Die Besonderheit des Wechselkredites liegt darin, dass der Zins (Diskont), den die Banken für die Restlaufzeit des Wechsels bis zur Tilgung berechnen, im Voraus abgezogen wird. Ebenso kann ein Wechsel bis zur Fälligkeit quasi wie Bargeld für weitere Zahlungen weitergegeben werden.

Die wichtigsten **modernen Zahlungssysteme** sind:

- **Geldkarte:** Die Karte wird an einem Ladeterminal mit einem festen Betrag vom Girokonto des Inhabers aufgeladen. Nach Zahlung mit der Karte überträgt der Verkäufer die Daten an die Evidenzzentrale, die diese an die Bank des Karteninhabers weiterleitet. Diese überweist den Zahlungsbetrag über die Evidenzzentrale auf das Konto des Verkäufers.
- **EC-Karte:** Bei einer Zahlung mit der EC-Karte überträgt der Verkäufer elektronisch den Rechnungsbetrag und die Daten der Karte an die Bank des Karteninhabers. Dort wird die Deckung des Betrags überprüft, und anschließend erfolgt die Überweisung an die Bank des Verkäufers.
- **Kreditkarte:** Analog zur EC-Karte, allerdings erfolgt die Abrechnung erst zum Monatsende durch den Kreditkartenanbieter.
- **Dauerauftrag:** Mit dem Dauerauftrag weist der Kontoinhaber seine Bank an, zur Erfüllung regelmäßig wiederkehrender Zahlungen einen festen Betrag zu einem bestimmten Termin zu überweisen (bietet sich z. B. bei Ratenzahlung an).
- **Bankeinzug:** Hier bucht der Empfänger der Zahlung den zu begleichenden Betrag mit Einverständnis (schriftlich) des Schuldners von dessen Konto ab.

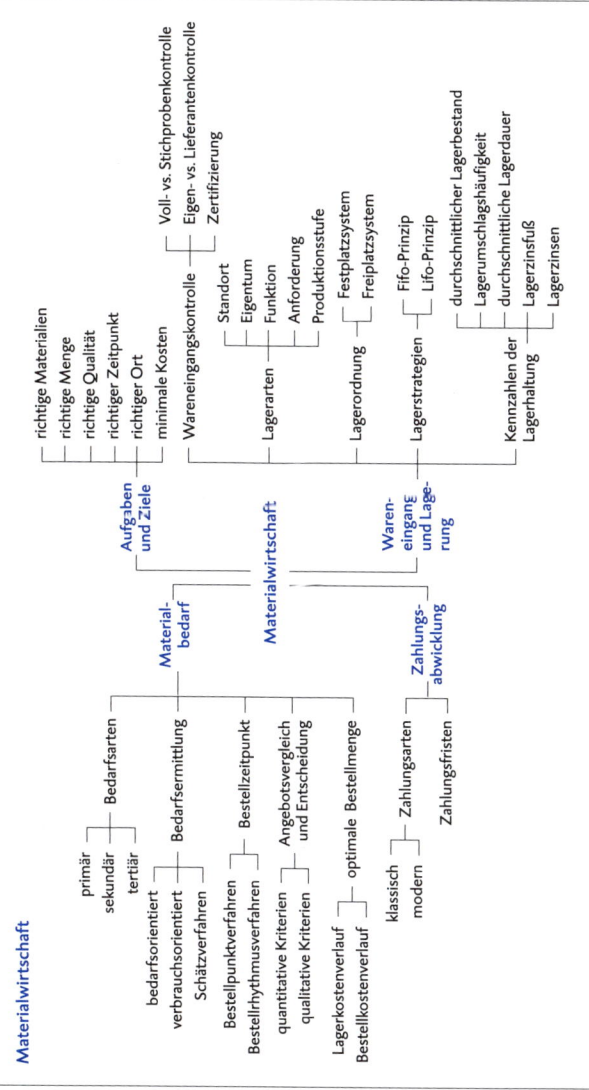

Materialwirtschaft

Aufgaben und Ziele
- richtige Materialien
- richtige Menge
- richtige Qualität
- richtiger Zeitpunkt
- richtiger Ort
- minimale Kosten

Wareneingangskontrolle
- Voll- vs. Stichprobenkontrolle
- Eigen- vs. Lieferantenkontrolle
- Zertifizierung

Lagerarten
- Standort
- Eigentum
- Funktion
- Anforderung
- Produktionsstufe

Lagerordnung
- Festplatzsystem
- Freiplatzsystem

Lagerstrategien
- Fifo-Prinzip
- Lifo-Prinzip

Kennzahlen der Lagerhaltung
- durchschnittlicher Lagerbestand
- Lagerumschlagshäufigkeit
- durchschnittliche Lagerdauer
- Lagerzinsfuß
- Lagerzinsen

Materialbedarf

Bedarfsermittlung
- Bedarfsarten
  - primär
  - sekundär
  - tertiär
- bedarfsorientiert
- verbrauchsorientiert
- Schätzverfahren

Bestellzeitpunkt
- Bestellpunktverfahren
- Bestellrhythmusverfahren

Angebotsvergleich und Entscheidung
- quantitative Kriterien
- qualitative Kriterien

optimale Bestellmenge
- Lagerkostenverlauf
- Bestellkostenverlauf

Wareneingang und Lagerung

Zahlungsabwicklung

Zahlungsarten
- klassisch
- modern

Zahlungsfristen

Produktionswirtschaft

Als **Produktion** bezeichnet man den Prozess, bei dem Produktionsfaktoren **(Input)** zielgerichtet kombiniert und zu Produkten **(Output)** transformiert werden **(betrieblicher Transformationsprozess)**. Synonym zu Produktion lassen sich die Begriffe Fertigung, Herstellung oder Erzeugung verwenden. **Aufgaben** der Produktionswirtschaft sind die Vorbereitung, Durchführung und Überwachung der Fertigung.

1 Planung des Produktionsprogramms

Das Produktionsprogramm legt fest, welche Erzeugnisse in welchen Mengen und in welchem Zeitraum herzustellen sind. Prinzipiell werden dabei eine **strategische** (langfristige) und eine **operative Perspektive** (kurzfristig, z. B. Jahres-, Quartals-, Monatsplanung) unterschieden.

Produktions-/Produktprogramm

- **Programmbreite/Sortimentsbreite:** Sie gibt Auskunft über den Umfang der Produktpalette des Unternehmens. Werden sehr viele verschiedene Produktarten hergestellt, spricht man von einem breiten Produktprogramm. Werden dagegen nur wenige Produktarten oder eine Produktart hergestellt, liegt ein enges Programm vor.
- **Sortimentstiefe:** Werden sehr viele unterschiedliche Varianten eines Produkts hergestellt, spricht man von einem tiefen Sortiment. Wird ein Produkt dagegen nur in einer Ausführung hergestellt, liegt ein flaches Sortiment vor.
- **Fertigungstiefe:** Sie gibt Auskunft darüber, wie viele Stufen der Fertigungsprozess umfasst, d. h. in welchem Umfang ein Unternehmen auf Zulieferbetriebe angewiesen ist.

Beispiel: Ein Bäcker, der sich nur auf die Herstellung von Brötchen spezialisiert hat, aber z. B. 70 verschiedene Arten von Brötchen herstellt, hat ein enges Produktionsprogramm, aber eine sehr große Sortimentstiefe. Wenn dem Bäcker noch ein Bauernhof, auf dem das notwendige Getreide produziert wird, sowie eine Mühle gehören und er die Brötchen in seinen eigenen Läden veräußert, dann hat sein Betrieb eine große Fertigungstiefe.

Das Produktionsprogramm dient als Grundlage für den Investitions-, Beschaffungs-, Personal-, Kosten- und Absatzplan des Unternehmens.

Maßnahmen zur Gestaltung des Produktionsprogramms

- **Produktinnovation:** Entwicklung völlig neuer Produkte (sowohl auf dem Gesamtmarkt als auch innerhalb des Unternehmens, z. B. Erweiterung des Programms).
- **Produktvariation:** Veränderung der Eigenschaften eines vorhandenen Produkts, um es attraktiver zu machen.
- **Produktdifferenzierung:** Unterschiedliche Ausgestaltung eines Produkts (Typenerweiterung, -veränderung).
- **Produktdiversifikation:** Verbreiterung und Vertiefung der Produktpalette
  - horizontal (ähnliche Produkte kommen hinzu),
  - vertikal (vor- oder nachgelagerte Produkte),
  - lateral (völlig neue Produkte kommen hinzu).
- **Produkteliminierung:** Herausnahme von Produkten aus dem Produktionsprogramm (Rentabilität, Nachfolgemodell).

Einflussfaktoren auf die Fertigung

- **produktionstechnische Einflussfaktoren:** Anzahl und Qualität der vorhandenen Maschinen, Anlagen, Werkzeuge, Raumangebot, Umstellungskosten;
- **beschaffungswirtschaftliche Einflussfaktoren:** Verfügbarkeit und Kosten von Produktionsfaktoren, Know-how der Mitarbeiter, Finanzkraft des Betriebs;
- **absatzwirtschaftliche Einflussfaktoren:** Nachfragestruktur der Kunden, Verhalten der Konkurrenz, Position am Gesamtmarkt;
- **sonstige Einflussfaktoren:** gesetzliche Regelungen, aktuelle konjunkturelle Lage, Unternehmensphilosophie.

Grundsatzentscheidung: Eigenherstellung oder Fremdbezug

Tendenziell reduzieren Unternehmen ihre Fertigungstiefe und konzentrieren sich auf die Kernprozesse. Die ausgelagerten Teilbereiche oder Verarbeitungsstufen übertragen sie auf Zulieferbetriebe **(Outsourcing)**. So werden in der modernen Automobilproduktion von den Lieferanten vorgefertigte Module geliefert, die der Automobilhersteller dann im Rahmen der Endmontage zusammensetzt (modulare Produktion).

Sollte der Zulieferer die gewünschte Qualität nicht leisten können oder Termine nicht einhalten, kann es sinnvoll sein, diese Leistungen wieder ins eigene Unternehmen zu integrieren **(Insourcing)**.

2 Fertigungsverfahren und -typen

2.1 Fertigungsverfahren

Fertigungsverfahren sind die verschiedenen Möglichkeiten der organisatorischen Gestaltung des Fertigungsablaufs durch räumliche Zusammenfassung und Verteilung von Betriebsmitteln und Arbeitsplätzen. Man unterscheidet folgende Verfahren:

Werkstättenfertigung 	Arbeitsabläufe werden zunächst in einzelne Verrichtungen zerlegt. Arbeiten mit gleichen oder ähnlichen Aufgaben werden dann räumlich in Werkstätten zusammengefasst und mit den erforderlichen Fertigungsmaschinen und -einrichtungen versehen (z. B. Lackiererei, Schlosserei, Dreherei).
Reihenfertigung	Betriebsmittel und Arbeitsplätze werden räumlich entsprechend dem Produktionsablauf angeordnet.
Fließfertigung 	Weiterentwicklung der Reihenfertigung; zusätzlich werden die einzelnen Arbeitsschritte nun zeitlich synchronisiert. Jeder Schritt umfasst eine zeitlich genau festgelegte Dauer und einen festen Takt. Die einzelnen Bearbeitungsstationen werden durch mechanische Fördermittel (Rollen, Fließband, fahrerlose Transportmittel) miteinander verbunden.
Automation	Variante der Fließfertigung, bei der Bearbeitung, Transport und Kontrolle der Werkstücke vollständig automatisiert sind (i. d. R. Roboter, Automaten).
Gruppenfertigung	Mischung aus Werkstätten- und Fließfertigung; versucht, die Vorteile beider Verfahren zu verbinden und die Nachteile zu vermeiden (z. B. Inselfertigung).

Bewertung der Fertigungsverfahren

Je standardisierter und kleinschrittiger eine Arbeit ist, desto höher ist die Produktivität der Mitarbeiter und Maschinen infolge größerer Routine und Spezialisierung. Auch lässt sich die Arbeit in der Regel besser planen und überwachen. Lagerbestände können klein und die Kosten gering gehalten werden. Im Fall einer Fließfertigung besteht aber die große Gefahr, dass der gesamte Produktionsprozess zum Erliegen kommt, wenn eine Bearbeitungsstation ausfällt. Außerdem sind voll ausgereifte Produkte erforderlich, damit sich der Prozess so exakt aufgliedern lässt. Umfangreichere Tätigkeiten erfordern in der Regel besser ausgebildete Arbeitskräfte und universell einsetzbare Maschinen, was mit höheren Kosten verbunden ist. Zugleich erhöht sich aber die Flexibilität, und die Störanfälligkeit sinkt.

Folgende Aspekte sind bei der Bewertung der verschiedenen Fertigungsverfahren zu analysieren und zu bewerten:

- Kosten der Betriebsmittel (z. B. Spezial- oder Universalmaschinen),
- Flexibilität des eingesetzten Verfahrens (z. B. Sonderwünsche),
- Anpassungsmöglichkeiten an Veränderungen am Markt,
- Art und Umfang der Mitarbeiterausbildung,
- Einfluss auf die Mitarbeitermotivation (Problem: Monotonie),
- Einsatzmöglichkeiten der verwendeten Maschinen,
- Synchronisation der einzelnen Arbeitsschritte,
- Notwendigkeit von Puffern und Zwischenlagern,
- Transparenz der ablaufenden Prozesse,
- Gewährleistung einer hohen Produktqualität,
- Störanfälligkeit des Systems (z. B. Ausfall einzelner Mitarbeiter).

Einsatz moderner Technologien in der Produktionswirtschaft

Moderne Unternehmen unterstützen den betrieblichen Transformationsprozess mittels PCs und moderner EDV-Anlagen. Bereits beim Entwurf neuer Produkte werden **CAD-** (Computer-Aided Design) und **CAE**-Programme (Computer-Aided Engineering) eingesetzt. Im Rahmen der Fertigung wird **CAM** (Computer-Aided Manufacturing) mittels computergesteuerter NC- (Numeric Control), CNC- (Computerized NC), DCN- (Direct NC) und SPS-Maschinen (Speicherprogrammierbare Steuerung) unterstützt. Sogenannte Produktionsplanungs- und Steuerungsprogramme **(PPS)** helfen, den Durchlauf innerhalb des Betriebs zu optimieren. Zentrale Datenbanken (ERP-System) vernetzen die betrieblichen Teilbereiche.

2.2 Fertigungstypen

Gliedert man Fertigungsverfahren danach, wie viele Produkte gleicher Art (Stückzahl) hergestellt werden, spricht man von Fertigungstypen:

- **Einzelfertigung:** Jedes Produkt wird nur einmal in seiner Art gefertigt (z. B. Maßanzug, Künstler, Architekten, Handwerk).
- **Mehrfachfertigung:** Ein identisches Produkt wird meist im Rahmen der industriellen Fertigung in größerer Stückzahl hergestellt.

Bei der Mehrfachfertigung lassen sich die folgenden Formen unterscheiden:

- **Serienfertigung:** Standardisierte Erzeugnisse werden in begrenzter Stückzahl produziert (z. B. Pkws, Werkzeugmaschinen, Handys).
- **Sortenfertigung:** Aus den gleichen Grundstoffen werden bei gleichen Fertigungsverfahren mehrere Erzeugnisse produziert (z. B. Hosen in unterschiedlichen Farben oder Stoffen).
- **Partiefertigung:** Aufgrund der Verwendung unterschiedlicher Rohstoffe ergeben sich zwangsläufig unterschiedliche Endprodukte (z. B. Kaffee aus unterschiedlichen Bohnen).
- **Chargenfertigung:** Unterschiedliche Sorten kommen zustande, da die Grundstoffe in einem Behälter verarbeitet werden und die Produktionsprozesse nicht vollständig beherrschbar sind (z. B. Käseherstellung oder Eisenschmelze).
- **Massenfertigung:** Sehr große Mengen standardisierter Produkte werden über einen zeitlich nahezu unbegrenzten Zeitraum ohne Veränderungen auf denselben Betriebsmitteln aus den gleichen Werkstoffen produziert (z. B. Brauerei, Ziegel- oder Elektrizitätserzeugung).

Problematik der optimalen Losgröße

Werden einzelne Serien nicht kontinuierlich, sondern mit Unterbrechungen hergestellt, spricht man von **Intervallfertigung**. Wichtigstes Problem dabei ist die Bestimmung der **optimalen Losgröße**, d. h. der Stückzahl, bei der eine Umstellung von der Fertigung eines Produkts auf ein anderes am kostengünstigsten ist.

Zwei Kostenfaktoren fallen an: Die (Um-)**Rüstkosten**, die sich durch die Umstellung und Herrichtung der Fertigungsanlagen auf das neue Produkt ergeben. Sie sind unabhängig von der herzustellenden Stückzahl. Daneben fallen **Lagerhaltungskosten** an. Sie steigen mit zunehmender Auflagenhöhe (z. B. Personalkosten, Raummiete).

Die Losgröße ist optimal, wenn die Summe aus Rüst- und Lagerkosten in einem bestimmten Planungszeitraum ein Minimum bildet.

3 Der Mitarbeiter im Produktionsprozess

Hinsichtlich des Mitarbeitereinsatzes besteht die Tendenz, dass einfache, **verrichtende Tätigkeiten** zunehmend durch Maschinen und Roboter erledigt werden (Mechanisierung, Automatisierung). Dagegen werden **dispositive Tätigkeiten** wie Planung, Organisation, Überwachung und Kontrolle durch den Menschen wahrgenommen.

Verrichtende menschliche Arbeit findet sich nur noch bei Tätigkeiten, bei denen aufgrund einer hohen erforderlichen Flexibilität eine Automatisierung zu teuer ist oder die Losgrößen für die wirtschaftliche Anschaffung von Spezialmaschinen zu gering sind.

Dort, wo relativ monotone, d.h. einseitige, Tätigkeiten durch den Menschen verrichtet werden müssen (z.B. Endmontage in einem Automobilwerk), versucht man durch verschiedene Formen der Arbeitserleichterung, die Tätigkeiten abwechslungsreich zu gestalten. Eine Möglichkeit stellt dabei die **Arbeit in Gruppen** dar. Man unterscheidet:

- **klassische Gruppenarbeit:** Mitarbeiter mit ähnlichen Verrichtungen werden zu einer Gruppe zusammengefasst, die für einen größeren Teilprozess der Produktion verantwortlich ist (z.B. Innenraumausbau eines Fahrzeugs, kompletter Motor). Ein Gruppenleiter/Meister erteilt und überwacht die Arbeitsaufträge, jeder Mitarbeiter arbeitet für sich.

- **Fertigungsteams:** Die arbeitsteilige Fließbandfertigung wird in Fertigungsteams von jeweils ca. 10 Personen unterteilt. Die Mitglieder übernehmen zusätzlich die Kontrolle ihrer Arbeitsschritte. Jedes Teammitglied muss mindestens drei Stationen beherrschen, um Ausfälle (z.B. durch Krankheit) zu kompensieren.

- **teilautonome Gruppen:** Moderne Arbeitsgruppen regulieren sich selbst. In der Regel wird ein Teamleiter gewählt oder es wird nach einem Rotationsverfahren durchgewechselt. Verschiedene Formen der Humanisierung der Arbeit werden eingesetzt (vgl. S. 47).

- **Projektgruppen:** Mitarbeiter verschiedener Organisationseinheiten arbeiten in einem Projektteam zusammen, um eine neuartige, komplexe und einmalige Aufgabe zu bewältigen (z.B. Entwicklung eines neuen Produkts). Ein Projektleiter übernimmt die Besetzung und Koordination der Gruppe. Die Besetzung erfolgt nach fachlichen Kriterien. Nach Abschluss der Arbeit löst sich die Projektgruppe wieder auf.

Mehr Abwechslung, v. a. in Form von intellektuell anspruchsvolleren Tätigkeiten, soll die Monotonie einer rein verrichtenden Arbeit auflockern **(Humanisierung der Gruppenarbeit)**. Mögliche Formen sind:

- **Job Rotation:** Die Mitarbeiter wechseln innerhalb einer Schicht zwischen den verschiedenen Arbeitsstationen der Gruppe. Dies setzt aber voraus, dass jedes Mitglied der Gruppe die Tätigkeiten der anderen Mitglieder beherrscht.
- **Job Enlargement:** Zusätzlich zur verrichtenden Tätigkeit in der Fertigung werden benachbarte, produktionsnahe Tätigkeiten auf den Verantwortungsbereich der Gruppe übertragen (z. B. Qualitätskontrolle, Wartung der Maschinen oder Materialdisposition).
- **Job Enrichment:** Die Gruppe übernimmt auch planerische Tätigkeiten (z. B. Planung der Arbeitszeiten, Feinsteuerung der Fertigungsaufträge oder Optimierung der Arbeitsabläufe).

Bewertung von Gruppenarbeit

Vorzüge	Probleme
• Eigenverantwortung der Mitarbeiter (Job Enlargement, Job Enrichment)	• Gefahr von Gruppendruck und Mobbing (bei Gruppenmitgliedern, die die Leistungsnormen nicht erfüllen)
• größere Motivation und Einsatzbereitschaft der Mitarbeiter	• höhere Kosten für höher qualifizierte Mitarbeiter
• Vermeidung von Monotonie	• Delegation von Verantwortung bedeutet auch einen gewissen Kontrollverlust (Führung)
• steigende Qualität infolge stärkerer Kontrolle	
• höhere Flexibilität und geringere Störanfälligkeit bei Job Rotation	• nicht für alle Mitarbeiter und Tätigkeiten im Betrieb geeignet
• geringerer Krankenstand	

Gerade im Zuge der **Lean Production** (schlanke Produktion) und des **Lean Managements** wurde in den letzten Jahren verstärkt auf Eigenverantwortung der Mitarbeiter Wert gelegt. Ziel war eine Verbesserung der Qualität und Produktivität bei gleichzeitig kürzeren Durchlaufzeiten. Eine Optimierung der betrieblichen Prozesse in Verbindung mit dem Just-in-time-System sollte einen Wettbewerbsvorsprung vor der Konkurrenz sichern.

4 Produktions- und Kostentheorie

Die Kostentheorie basiert auf der Produktionstheorie, da im Rahmen der betrieblichen Leistungserstellung (Produktion) Produktionsfaktoren verbraucht bzw. zeitlich in Anspruch genommen werden. Man unterscheidet die Produktionsfunktionen Typ A und Typ B.

4.1 Produktionsfunktionen

Im Hinblick auf die Produktion eines Gutes gibt es bezüglich der Relation der eingesetzten Produktionsfaktoren zwei Möglichkeiten. Entweder führt die Erhöhung eines variablen Faktors bei Konstanz der übrigen Faktoren zu einer Ertragssteigerung **(Produktionsfunktion Typ A).** So führt z. B. ein zunehmender Düngemitteleinsatz in der Landwirtschaft zu steigenden Erträgen, wenn die Feldfläche, das Saatgut und die eingesetzte Arbeit gleich bleiben. Oder die Faktoren stehen in einem festen Verhältnis zueinander **(Produktionsfunktion Typ B)** und die Produktionsmenge lässt

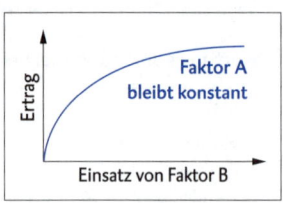

sich nur erhöhen, indem alle an der Produktion beteiligten Faktoren in exakt dieser Relation erhöht werden (z. B.: pro Flasche Mineralwasser wird immer ein Liter Wasser, ein Glaskörper, ein Etikett und ein Schraubverschluss benötigt). Infolge dieser substitutiven Beziehung wird die Produktionsfunktion vom Typ A auch als **substitutionale Produktionsfunktion** bezeichnet, während die feste Relation der Einsatzfaktoren bei der **Produktionsfunktion** vom Typ B auch **limitationale** Produktionsfunktion genannt wird. Aus dieser festen Relation ergibt sich ein linearer Verlauf der Gesamtkosten.

Eine Änderung der Einsatzrelationen erfolgt in der Regel durch technischen Fortschritt, wenn z. B. der Faktor Arbeit zunehmend durch Betriebsmittel ersetzt wird (Mensch-Maschine-Substitution).

Jedes Unternehmen ist bezüglich seiner Ausstattung mit Räumen, Personal und Maschinen auf eine bestimmte Leistungsmenge ausgelegt. Diese Leistungsmenge je Zeiteinheit (z. B. bezogen auf einen Monat oder ein Jahr) nennt man **Normalbeschäftigung/Kapazität.** Davon ist die tatsächliche Beschäftigung abzugrenzen, die man in einem Prozentsatz zur Normalbeschäftigung angibt, dem sogenannten **Beschäftigungsgrad/Kapazitätsausnutzungsgrad.**

$$\text{Beschäftigungsgrad} = \frac{\text{Tatsächliche Beschäftigung}}{\text{Normalbeschäftigung}} \cdot 100 \, \text{[in Prozent]}$$

4.2 Grundbegriffe der Kostentheorie

Im Rahmen der betrieblichen Leistungserstellung werden zahlreiche Güter und Dienstleistungen verbraucht. Im Rechnungswesen unterscheidet man dabei zwischen **Aufwendungen/Ertäge**n (jede Art von Werteverzehr/-mehrung) und Kosten/Leistungen (der in Geld ausgedrückte Werteverbrauch/-zuwachs). **Kosten** sind betriebsbedingte Aufwendungen (Grund- und Zusatzkosten), z. B. der Verbrauch von Rohstoffen in der Produktion oder die Löhne der Mitarbeiter in der Fertigung. **Leistungen** sind betriebsbedingte Erträge (ordentliche betriebliche), z. B. Umsatzerlöse aus dem Verkauf von Gütern und Dienstleistungen.

Aufwendungen und Erträge werden im Rahmen der Buchhaltung in der **Gewinn- und Verlustrechnung (GuV)** erfasst und gehen beim Jahresabschluss als Saldo in die Bilanz ein (Jahresüberschuss/Eigenkapital). Einen detaillierten Überblick über die Kosten und Leistungen eines Unternehmens gibt die **Kosten- und Leistungsrechnung (KLR)**. Ihr Ziel ist u. a. die Ermittlung des Betriebsergebnisses.

Kosten in Abhängigkeit vom Beschäftigungsgrad

Je nachdem, ob und wie die Kosten eines Betriebs vom Beschäftigungsgrad abhängen, unterscheidet man verschiedene **Kostenarten:**

- **fixe Kosten:** Sie fallen unabhängig von der Höhe des Beschäftigungsgrades an, also auch wenn die Produktion still steht. Beispiele sind Kreditzinsen, Leasingraten für Maschinen, Raummiete, Versicherungsbeiträge. Fixe Kosten werden daher auch als Kosten der Betriebsbereitschaft bezeichnet.

- **variable Kosten:** Sie sind abhängig vom Beschäftigungsgrad. Das heißt, je mehr Stück eines Gutes ein Unternehmen produziert, desto mehr variable Kosten fallen an, z. B. die Kosten für Roh-, Hilfs- und Betriebsstoffe oder leistungsabhängige Fertigungslöhne (Akkordlohn).

Für die weitere Betrachtung ist der Unterschied zwischen **Gesamt-** und **Stückkosten** wichtig. Die fixen Stückkosten (k_f) erhält man durch Division der gesamten Fixkosten (K_f) durch die produzierte Stückzahl (x):

Stückkosten: $k_f = \dfrac{K_f}{x}$

Die Gesamtkosten der Produktion (K) erhält man durch Addition der variablen (K_v) und der fixen Kosten (K_f):

Gesamtkosten: $K = K_f + K_v$

fixe Gesamtkosten	fixe Stückkosten
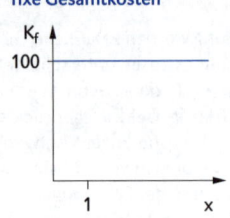	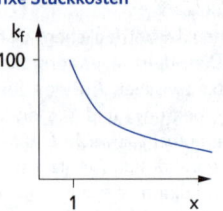
Unabhängig von der tatsächlich produzierten Stückzahl bleiben die gesamten Fixkosten (K_f) gleich.	Bei steigender Produktion sinkt der Fixkostenanteil pro Stück (k_f), da sich die konstanten Fixkosten auf die größere Stückzahl verteilen **(Kostendegression)**.
variable Gesamtkosten	variable Stückkosten
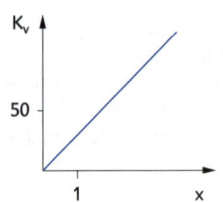	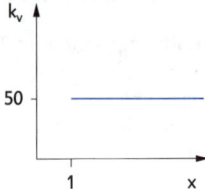
Mit zunehmender Produktion steigen die variablen Gesamtkosten (K_v) in der Abbildung direkt proportional, d. h., steigt die Produktion um 10 %, nehmen auch die variablen Kosten um 10 % zu.	Teilt man die variablen Gesamtkosten durch die Stückzahl, erhält man die variablen Stückkosten (k_v). Bei proportionalen variablen Kosten fallen für jede zusätzliche Produktionseinheit die gleichen zusätzlichen Kosten an.

Sprungfixe Kosten

Die fixen Gesamtkosten sind innerhalb der Normalbeschäftigung konstant. Erfolgt eine Kapazitätserweiterung über diese Grenze, steigen die fixen Kosten sprunghaft an **(sprung- oder intervallfixe Kosten)**, weil z. B. durch die Anschaffung eines Gebäudes oder von Maschinen zusätzliche Raummiete, Leasingkosten oder Abschreibungen anfallen.

Bei einer Verdopplung der Kapazität verdoppeln sich aber nicht automatisch die Fixkosten. In der Regel fällt der Kostenanstieg sogar unterproportional aus. Das kann z. B. daran liegen, dass neue Maschinen effizienter arbeiten oder Mitarbeiter rationeller eingesetzt werden.

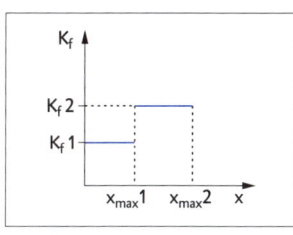

Wird im umgekehrten Fall die Kapazität reduziert, gehen die Fixkosten meist nicht im gleichen Maß zurück, da erst bei einer vollständigen Stilllegung und Veräußerung der Anlagen die Fixkosten reduziert werden können. Man spricht in diesem Fall von **Kostenremanenz**.

Reagibilitätsgrad der Kosten

Der Reagibilitätsgrad der Kosten beschreibt, wie stark die variablen Kosten auf Veränderungen der Produktionsmenge reagieren.

$$\text{Reagibilitätsgrad} = \frac{\text{Prozentuale Kostenänderung}}{\text{Prozentuale Beschäftigungsänderung}}$$

Steigen oder fallen die Kosten im gleichen Verhältnis wie die Produktion, liegen **proportionale variable Kosten** vor (linearer Kostenverlauf). Bei degressiv variablen Kosten liegt der Kostenanstieg unter dem der Produktion, das heißt, er ist **unterproportional** (z. B.: infolge einer größeren Einkaufsmenge von Rohstoffen

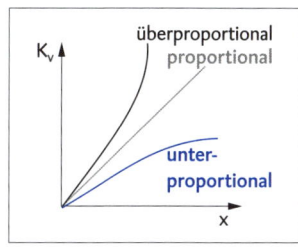

gewährt der Händler einen Rabatt). Bei progressiven variablen Kosten steigen die Kosten **überproportional** im Vergleich zur Produktionsmenge, z. B. steigt bei einem Pkw der Benzinverbrauch je 100 km an, je schneller man die Strecke zurücklegt.

Teilt man die variablen Gesamtkosten (K_v) durch die Stückzahl (x), so erhält man die variablen Stückkosten (k_v). Nur im Fall proportional steigender Gesamtkosten sind die variablen Stückkosten konstant.

Grenzkosten

Grenzkosten (K') geben an, wie viel die Produktion einer zusätzlichen Mengeneinheit eines Gutes kostet (Mehrkosten), z. B. was es einen Bäcker kosten würde, nach 550 Brötchen noch ein 551. herzustellen.

Die Betrachtung von Grenzkosten spielt bei kurzfristigen betriebswirtschaftlichen Entscheidungen eine wichtige Rolle, z. B. bei der Entscheidung, ob die Ausweitung der Produktion rentabel wäre, oder auch im Hinblick auf die Preis- und Sortimentspolitik des Unternehmens.

$$\text{Grenzkosten} = \frac{\Delta K}{\Delta x} = \frac{(K_2 - K_1)}{(x_2 - x_1)} \qquad \text{oder } K' = dk$$

Grafisch entsprechen die Grenzkosten der Steigung der Gesamtkostenkurve (1. Ableitung von K), da diese den Anstieg der Gesamtkosten (ΔK) bei der Erhöhung der Produktionsmenge (Δx) beschreibt.

Dadurch ist ein direkter Zusammenhang zwischen dem Verlauf der Gesamtkostenkurve und den variablen Kosten bedingt, da im Fall einer Ableitung der Gesamtkostenfunktion der Fixkostenanteil (konstant) wegfallen würde.

Z. B. $\quad K = K_v + K_f = a \cdot x + b$
$\quad\quad\;\; K' = a$

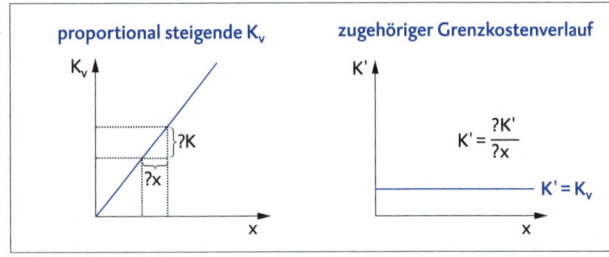

4.3 Ertragsgesetz

Das Ertragsgesetz geht auf Untersuchungen von Jacques Turgot (1727–1781) im Bereich der Landwirtschaft zurück. Er beschäftigte sich mit der Frage, wie sich der **Ertrag eines Produktionsprozesses** entwickelt, wenn der Einsatz eines Produktionsfaktors erhöht wird, während alle anderen Faktoren konstant bleiben.

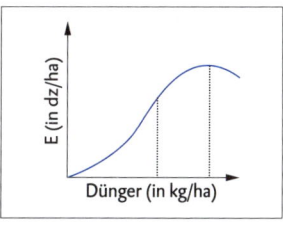

Turgot hat nachgewiesen, dass der Einsatz von Düngemitteln auf einer konstanten Feldfläche und bei sonst konstanten Produktionsfaktoren zunächst zu stark steigenden Erträgen führt (überproportionaler Anstieg); ab einem bestimmten Punkt wächst der Gesamtertrag zwar noch absolut weiter, aber nur noch unterproportional im Verhältnis zur eingesetzten Düngermenge, und schließlich nimmt der Gesamtertrag sogar wieder ab (Überdüngung und Vergiftung des Bodens). D. h., zunächst kommt es zu steigenden Grenzerträgen, die aber wieder zurückgehen und sogar negativ werden können **(Gesetz vom abnehmenden Grenzertrag)**.

Später wurde das Ertragsgesetz auf die industrielle Produktion übertragen, hat dort aber nur begrenzte Gültigkeit, da Produktionsfaktoren häufig in einem festen Einsatzverhältnis zueinander stehen (vgl. Produktionsfunktion Typ B, S. 48).

Aus der beschriebenen Ertragsfunktion kann man durch Spiegelung an der Winkelhalbierenden den Kostenverlauf im Verhältnis zur Produktionsmenge ableiten. Die ertragsgesetzliche Kostenfunktion lautet: **K = f(x)**.

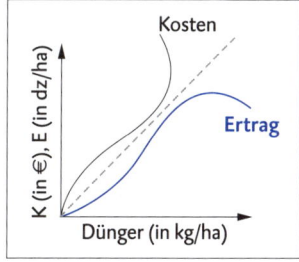

Aus dieser Kostenfunktion resultiert ein s-förmiger Gesamtkostenverlauf (vgl. S. 56). Mathematisch handelt es sich um eine Funktion dritten Grades:

$$K = ax^3 - bx^2 + cx + d$$

4.4 Lineare Kosten- und Erlösfunktion

Bei **linearem Kostenverlauf** steigen die Kosten proportional zur Produktionsmenge. Da die fixen Kosten unabhängig von der produzierten Stückzahl sind, steigen die variablen Kosten proportional. Pro zusätzlich produzierter Einheit fallen stets die gleichen variablen Kosten an. Mathematisch handelt es sich um eine Funktion ersten Grades, grafisch um eine um die Fixkosten (b) verschobene Gerade mit der Steigung a.

	Gesamtkosten	**Stückkosten**
mathematisch	$f(x) = ax + b$	$f(x) = a + \dfrac{b}{x}$
ökonomisch	$K(x) = K_v + K_f$	$k(x) = \dfrac{K_v}{x} + \dfrac{K_f}{x}$
	$K(x) = k_v \cdot x + K_f$	$k(x) = k_v + \dfrac{K_f}{x}$

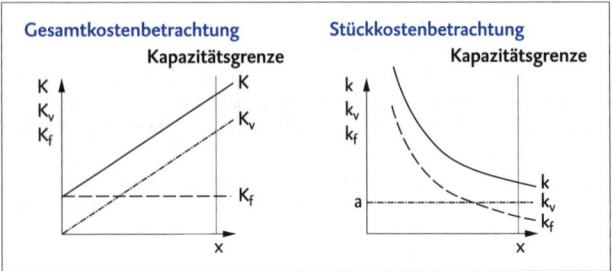

Da die Produktion nicht unendlich erhöht werden kann, wird in der Regel die technische Kapazitätsgrenze mit angegeben und eingezeichnet.

Der **Erlös/Ertrag eines Unternehmens** errechnet sich aus der verkauften Stückzahl multipliziert mit dem Verkaufspreis pro Stück.

Erlös: $E(x) = x \cdot P$ Stückerlös: $e = P$

Jeder Betrieb ist bestrebt, eine so große Stückzahl herzustellen und zu verkaufen, dass die Erlöse größer als die Kosten zur Herstellung dieser Produkte sind. In diesem Fall macht das Unternehmen **Gewinn (G(x))**.

Betriebsgewinn: $G(x) = E(x) - K(x) = x \cdot P - (k_v \cdot x + K_f)$

Bei der Stückzahl, bei der Kosten und Erlöse den gleichen Wert haben (Schnittpunkt von K(x) mit E(x); mathematisch: K(x) = E(x)), macht der Betrieb weder Gewinn noch Verlust **(Gewinnschwelle** oder **Break-Even-Point)**. Bei jeder Stückzahl über der Gewinnschwelle macht das Unternehmen Gewinn (E > K), bei jeder Stückzahl unter der Gewinnschwelle macht es Verlust (E < K).

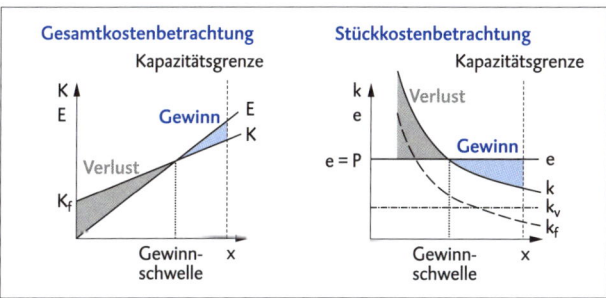

Wichtige Kostenpunkte beim linearen Kosten- und Erlösverlauf

Den maximalen Gesamtgewinn erzielt das Unternehmen, wenn es so viel Stück produziert und absetzt, wie die Kapazität zulässt. Das **Gewinnmaximum** liegt folglich bei linearem Kosten- und Erlösverlauf an der Kapazitätsgrenze.

Das **Betriebsoptimum** ist die Stückzahl, bei der k am geringsten ist (Minimum von k). Bei linearem Kosten- und Erlösverlauf liegt es ebenfalls an der Kapazitätsgrenze.

Das **Betriebsminimum** ist die Stückzahl, bei der k_v am geringsten ist (Minimum von k_v). Da bei einer linearen Kostenfunktion k_v stets gleich (= konstant) ist, ist diese Bedingung bei jeder Stückzahl erfüllt.

Fazit: Ein Unternehmen mit linearer Kosten- und Erlösfunktion sollte nach Möglichkeit immer an der Kapazitätsgrenze arbeiten, da hier die Stückkosten das Minimum und zugleich die Erlöse ihr Maximum haben, folglich kann der Betrieb den größtmöglichen Gewinn realisieren.

Das Modell berücksichtigt nicht, dass in der Realität in der Regel **progressive Kosteneffekte** auftreten, je näher man an die Kapazitätsgrenze herankommt. D. h., unmittelbar an der Kapazitätsgrenze liegt in der Regel kein linearer Kostenverlauf mehr vor (z. B. höherer Verschleiß).

4.5 S-förmiger Gesamtkostenverlauf

Aus der Ertragsfunktion (vgl. S. 53) resultiert ein s-förmiger Kostenverlauf mit zunächst unterproportionaler und nach einem Wendepunkt überproportionaler Steigung.

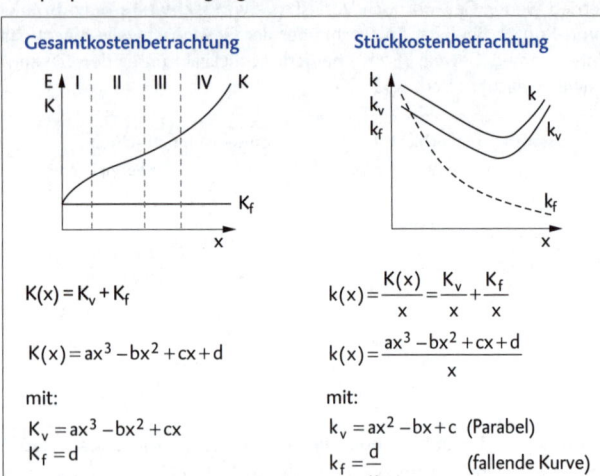

Gesamtkostenbetrachtung

$$K(x) = K_v + K_f$$

$$K(x) = ax^3 - bx^2 + cx + d$$

mit:

$$K_v = ax^3 - bx^2 + cx$$
$$K_f = d$$

Stückkostenbetrachtung

$$k(x) = \frac{K(x)}{x} = \frac{K_v}{x} + \frac{K_f}{x}$$

$$k(x) = \frac{ax^3 - bx^2 + cx + d}{x}$$

mit:

$$k_v = ax^2 - bx + c \quad \text{(Parabel)}$$
$$k_f = \frac{d}{x} \quad \text{(fallende Kurve)}$$

Phasen des s-förmigen Kostenverlaufs

I) Die Stückzahlen in der Produktion sind noch gering, die variablen Kosten steigen daher zunächst überproportional stark an.

II) Mit zunehmender Stückzahl machen sich Vorteile der Massenproduktion bemerkbar (z. B. Mengenrabatte). Die Gesamtkostenkurve wird flacher, die variablen Kosten steigen unterproportional.

III) Die Gesamtkosten steigen nun fast proportional, hier liegt der Wendepunkt der Kurve.

IV) Bei einer weiteren Erhöhung der Produktionsmenge wird eine Ausbringungsmenge erreicht, ab der die variablen Kosten wieder schneller steigen (z. B. durch höheren Verschleiß, Zuschläge), die Gesamtkosten steigen progressiv.

Grenzkosten (s-förmig): $K(x) = ax^3 - bx^2 + cx + d$

$K'(x) = 3ax^2 - 2bx + c$ (Parabel)

Wichtige Kostenpunkte im s-förmigen Kostenverlauf

Es gilt: $K(x) = ax^3 - bx^2 + cx + d$ und $E(x) = x \cdot P$

Wichtig: Der Wendepunkt einer Parabel (mathematisch: 1. Ableitung gleich Null gesetzt) ist zugleich das Minimum der jeweiligen Kostenart.

grafisch: mathematisch:

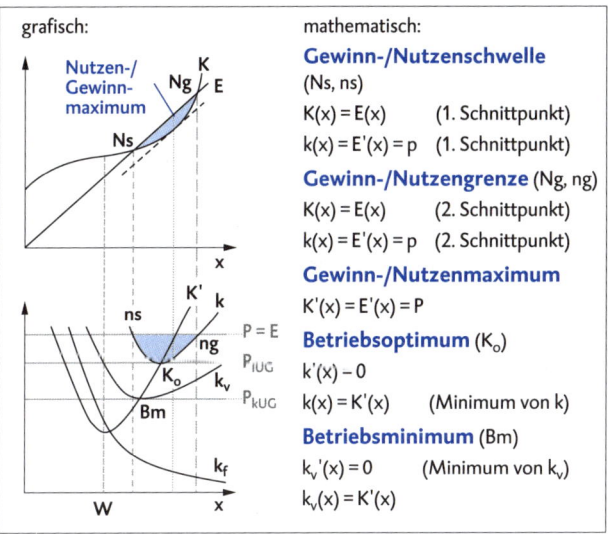

Gewinn-/Nutzenschwelle
(Ns, ns)

$K(x) = E(x)$ (1. Schnittpunkt)

$k(x) = E'(x) = p$ (1. Schnittpunkt)

Gewinn-/Nutzengrenze (Ng, ng)

$K(x) = E(x)$ (2. Schnittpunkt)

$k(x) = E'(x) = p$ (2. Schnittpunkt)

Gewinn-/Nutzenmaximum

$K'(x) = E'(x) = P$

Betriebsoptimum (K_o)

$k'(x) - 0$

$k(x) = K'(x)$ (Minimum von k)

Betriebsminimum (Bm)

$k_v'(x) = 0$ (Minimum von k_v)

$k_v(x) = K'(x)$

Die **Gewinn-/Nutzenschwelle** und die **Gewinn-/Nutzengrenze** legen den Bereich fest, in dem das Unternehmen Gewinn macht.

Im **Gewinn-/Nutzenmaximum** sind die Steigungen von K und E gleich ($K'(x) = E'(x)$) bzw. sind die Grenzkosten gleich den Grenzerlösen (P). Jede weitere produzierte Einheit reduziert den Gewinn, da dann die Stückkosten größer als die Stückerlöse sind ($k(x) > p$) und der absolute Gesamtgewinn somit wieder sinkt.

Das **Betriebsoptimum** ist zugleich die langfristige Preisuntergrenze (P_{lUG}), d. h., der Betrieb macht bei dieser Stückzahl keinen Gewinn, sondern deckt nur seine Kosten (Kostendeckungsprinzip).

Das **Betriebsminimum** ist die absolute (kurzfristige) Preisuntergrenze (P_{kUG}), da der Betrieb nur noch seine variablen Kosten deckt. Das heißt, es tritt ein Verlust in Höhe von k_f auf.

4.6 Verbrauchsfunktionen

Die meisten Güter werden in einem mehrstufigen Produktionsprozess hergestellt. In der Regel unterscheidet sich dabei das Kostenverhalten der verwendeten Betriebsmittel je nach Fertigungsstufe. Das heißt, für jedes Betriebsmittel und jeden Produktionsfaktor existieren unterschiedliche Verbrauchs- und damit Kostenfunktionen.

Wird der Ertrags- und Kostenverlauf aufgrund von Verbrauchsfunktionen in einzelnen Kostenstellen zusammengefasst, spricht man von einer Produktionsfunktion vom Typ B (vgl. S. 48).

Der Verbrauch an Produktionsfaktoren hängt zum einen von der Anzahl der hergestellten Fertigerzeugnisse ab, zum anderen oftmals auch von der Inanspruchnahme der Betriebsmittel (Nutzungsintensität).

Leistungsabhängige Produktionsfaktoren

Variante 1	Variante 2

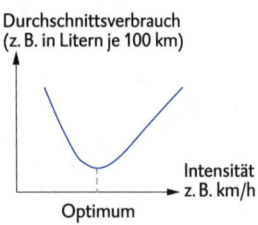

Analog zum Aspekt der Fixkostendegression ergibt sich, dass der Durchschnittsverbrauch (mengenmäßiger Verbrauch pro Leistungseinheit) umso geringer ist, je höher die Intensität ist. So ist der Fixkostenanteil /Stück bei einem festen Stundenlohn umso geringer, je mehr Stück der Mitarbeiter in dieser Stunde herstellt. D. h., die optimale Intensität liegt nahe der maximalen Intensität (größtmögliche Stückzahl) des Mitarbeiters.	Der Durchschnittsverbrauch nimmt mit zunehmender Intensität zunächst ab, um bei weiter steigender Intensität wieder zuzunehmen. So steigt z. B. der Verbrauch eines Pkws pro gefahrene 100 km nach einem Minimum wieder an, je schneller die Strecke zurückgelegt wird. Ein Betrieb wird daher möglichst die optimale Intensität wählen (minimaler Durchschnittsverbrauch).

Leistungsunabhängige Produktionsfaktoren

Einige Produktionsfaktoren hängen weitgehend nur von der hergestellten Stückzahl und nicht von der Intensität ab (z. B. der Verbrauch von Glasflaschen in der Abfüllanlage einer Brauerei). Es ist auch möglich, dass der Produktionsfaktor innerhalb einer bestimmten Stückzahl leistungsunabhängig ist. Sobald aber ein bestimmter Schwellenwert (Produktionsintensität) überschritten wird, steigt der Verbrauch doch leistungsabhängig an (z. B. höherer Ausschuss bei der Beschleunigung des Abfüllvorgangs in der Brauerei).

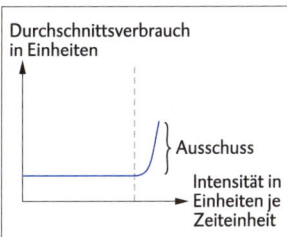

4.7 Einflussfaktoren auf Kosten und Anpassung

In Bezug auf die unterschiedlichen Einflussfaktoren ist stets zu überlegen, ob diese Einfluss auf die fixen und/oder variablen Kosten des Betriebs haben.

Änderung von Fixkosten	Änderung variabler Kosten
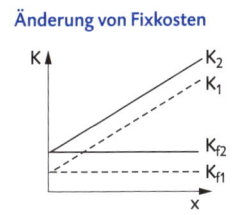	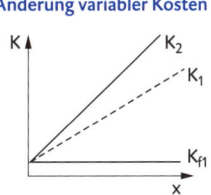
Eine Änderung der Fixkosten führt zu einer Verschiebung der Gesamtkostenkurve. Die Steigung der Kurve bleibt davon unbeeinflusst.	Eine Änderung der variablen Kosten führt zu einer Drehung der Gesamtkostenkurve. Das Ausgangsniveau (K(0)) bleibt unverändert.

Betriebsgröße

Eine Variation der Betriebsgröße kann unterschiedliche Auswirkungen auf die Kostenstruktur haben. So ist z. B. bei einer Verdoppelung der Kapazität auch eine Verdoppelung der Kosten denkbar (**multiple** Änderung der Fixkosten). Andererseits können die Veränderungen auch **se-**

lektiv sein, wenn infolge einer größeren Kapazität nur für einzelne Produktionsschritte neue Anlagen angeschafft werden, die dann neue Unterhaltskosten mit sich bringen. Als letzte Variante sind **mutative** Kostenänderungen denkbar, wenn sich durch die Kapazitätserweiterung auch qualitative Veränderungen bei Produktionsfaktoren ergeben bzw. auch bessere Fertigungstechniken eingesetzt werden können Zum Beispiel erfordern Maschinen mit einer höheren Bearbeitungsgeschwindigkeit in der Regel auch exakter verarbeitete Vorprodukte, (in der Regel entstehen somit höhere variable Kosten).

Beschäftigung

Ergeben sich Veränderungen in der Beschäftigung (Auslastung), kann ebenfalls auf unterschiedliche Weise reagiert werden: durch vermehrte Überstunden oder Kurzarbeit (**zeitliche** Anpassung), durch Erhöhung oder Reduktion der **Intensität** der Maschinennutzung oder durch Erhöhung oder Reduktion des Einsatzes von technischen Anlagen. Änderungen können dabei sowohl **quantitativ** (mehr Maschinen) als auch **qualitativ** (effizientere Maschinen) erfolgen (vgl. S. 64).

Fertigungsprogramm

Hier fällt es schwer, klare Aussagen zu treffen. Eine Ausweitung des Fertigungsprogramms geht mit einem Anstieg der variablen Kosten für diese Produkte einher. Darüber hinaus entstehen **neue Kosten** für die Umrüstung von Maschinen bzw. zusätzliche Fixkosten, falls auch neue Maschinen angeschafft werden müssen. Reichen allerdings die bestehenden Anlagen für die neuen Produkte aus, könnte auch der Aspekt der **Fixkostendegression** eintreten.

Preise der Einsatzfaktoren

Ändern sich die **Preise der Betriebsmittel**, führt dies zu einer Veränderung der Fixkosten. Variiert dagegen der **Preis von Werkstoffen**, so verändern sich die variablen Kosten. Werden ggf. bestimmte Schwellenwerte überschritten, kann es auch zu sprungfixen Kostenänderungen kommen, z. B. wenn Mengenrabatte gewährt werden.

Qualität der Einsatzfaktoren

Innerhalb gewisser Toleranzgrenzen haben Qualitätsschwankungen keinerlei Einfluss auf die Kosten eines Betriebs. Erst bei einer (dauerhaften) Überschreitung dieser Grenzen kann es zu Kostenänderungen kommen. Im Bereich der Zulieferer von Werkstoffen versucht man durch permanente Kontrollen gleichbleibend hohe Qualität zu gewährleisten (vgl. S. 62 ff.).

4.8 Nutz- und Leerkosten

Abhängig vom Auslastungsgrad der technischen Anlagen lassen sich Fixkosten noch weiter unterteilen. Ein Großteil der Fixkosten entsteht durch das Bereitstellen von Fertigungskapazität (z. B. Abschreibungen auf technische Anlagen). Je nach Auslastung des Betriebs wird hierbei noch einmal zwischen Nutz- und Leerkosten unterschieden. **Nutzkosten** sind der Anteil

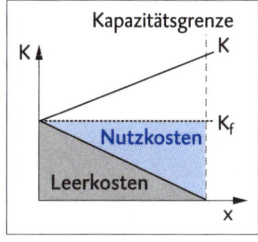

der Fixkosten, der dem Auslastungsgrad der Anlagen entspricht.
Leerkosten sind analog der Anteil, der auf den „stillstehenden" Teil der Maschinen entfällt. Gemeinsam ergeben Nutz- und Leerkosten die gesamten Fixkosten.

$$\text{Nutzkosten} = \frac{\text{Fixkosten} \cdot \text{Produktionsmenge}}{\text{maximale Produktionsmenge}} \qquad \text{[in Prozent]}$$

$$\text{Leerkosten} = \frac{\text{Fixkosten} \cdot (\text{max. Produktionsmenge} - \text{Produktionsmenge})}{\text{maximale Produktionsmenge}}$$

Ein Unternehmen sollte immer bestrebt sein, Leerkosten zu minimieren. Sofern diese nur saisonal auftreten (z. B. „Sommerpause" eines Lebkuchenherstellers), sollte überlegt werden, die Produktpalette um neue Güter zu erweitern, um diesen Leerstand zu minimieren (im Beispiel etwa um Kekse, Kuchen und Torten).

Sofern die Leerkosten permanent auftreten, sind sie ein Indikator für Überkapazitäten im Betrieb. Gelingt es nicht, diese auszulasten (z. B. durch Ausdehnung der abgesetzten Menge durch Marketing-Kampagnen), kann ein „Schrumpfen" des Betriebs sinnvoll sein.

Es ist dabei zu berücksichtigen, dass ungenutzte Betriebsmittel große Mengen an Kapital binden sowie Zins- und Abschreibungskosten hervorrufen, die auf die verbleibende Produktionsmenge umgelegt werden müssen und somit den Verkaufspreis in die Höhe treiben, was ggf. zu Wettbewerbsnachteilen führt.

5 Qualitätsmanagement

Nach DIN 55 350 wird **Qualität** als „Beschaffenheit einer Einheit bezüglich ihrer Eignung, festgelegte und vorausgesetzte Erfordernisse zu erfüllen", definiert. Dabei ist es unerheblich, ob es sich um einen konkreten Gegenstand (Produktqualität), eine Dienstleistung (Dienstleistungsqualität), einen Prozess (Prozessqualität), eine Organisation oder eine Kombination daraus handelt.

Der Begriff Qualität ist somit kein feststehender Begriff, sondern abhängig von seinem Verwendungszweck. Ob die geforderte Qualität erfüllt ist, wird anhand unterschiedlichster Kriterien beurteilt. Das können technische Spezifikationen, Anforderungen an das Design, funktionale Attribute oder auch das Bestehen bestimmter Einrichtungen oder Serviceleistungen sein (z. B. Hotelbewertung). Häufig variieren die Schwellen- oder Toleranzwerte dabei sogar beim gleichen Produkt sehr stark (z. B. Motor für einen Tourenwagen vs. Serienmodell).

Unter **Qualitätsmanagement** versteht man ein Führungsprinzip, das den Aspekt der Qualität in den Mittelpunkt des betrieblichen Handelns rückt. Der Ansatz fand etwa ab den 1980er-Jahren, ausgehend von der japanischen Automobilindustrie, seinen Weg nach Europa und in die USA.

Grundsätze von Qualitätsmanagement

Qualitätsmanagementsysteme sind zertifiziert in der Normenreihe **DIN ISO 2 009 : 2 000**. Dieses prozessorientierte Verfahren versucht, die Anforderungen interner/externer Kunden sowie betriebliche Ziele und Prozesse so zu optimieren, dass ein möglichst großes Maß an Kundenzufriedenheit erreicht wird. Grundsätze des Qualitätsmanagements sind:

- starke Kundenorientierung (Erfolgsfaktor Kunde),
- Einbeziehung der Mitarbeiter (muss die Maßnahmen umsetzen),
- Einbeziehung von Lieferanten (beidseitige Win-Win-Situation),
- starke Prozessorientierung (wertschöpfende Kernprozesse),
- Orientierung der Unternehmensprozesse an den betrieblichen Zielen,
- kontinuierliche Verbesserung,
- keine Entscheidungen „aus dem Bauch" (dafür: Datenbasis),
- Gestaltung geeigneter Rahmenbedingungen durch die Führung.

Unternehmen, die ein entsprechendes Qualitätsmanagement umgesetzt haben, können sich diesen Standard **zertifizieren** lassen. Nach Überprüfung durch eine neutrale Einrichtung (z. B. TÜV, DEKRA) erhält der Betrieb ein Zertifikat über die Funktionsfähigkeit des Qualitätsmanagementsystems. Häufig bestehen große Unternehmen darauf, dass Zulieferer durch Zertifikate nachzuweisende Mindeststandards erfüllen.

Konzepte der Qualitätssicherung

- **Qualitätskontrollen:** Die Qualität der Produkte wird durch Prüfung und Kontrolle der Endprodukte gewährleistet. Bei Bedarf werden fehlerhafte Produkte nachgearbeitet bzw. zu Ausschuss erklärt. Zur Überprüfung finden unterschiedliche Verfahren Anwendung (Stichproben, statistische Kontrollen, 100 %-Kontrolle).

- **Qualitätssicherung:** Die Beseitigung von Fehlern beim Endprodukt ist meist sehr aufwendig und damit teuer. Deshalb sollten Probleme bereits im Vorfeld, d. h. bereits bei der Produktentwicklung, erkannt und vermieden werden. Hierbei helfen EDV-gestützte Simulationen von Abläufen und Anlagen.

- **Qualitätszirkel:** Dieses Verfahren wird im Rahmen der Gruppenarbeit angewendet. Mitarbeiter der unteren Hierarchieebenen werden an der Bearbeitung und Lösung von Problemen in ihrem Arbeitsbereich beteiligt. Etwa einmal pro Monat treffen sich die Mitglieder eines Teams zu einer Sitzung, um Verbesserungsvorschläge für ihren Tätigkeitsbereich zu erarbeiten. Sofern die Unternehmensleitung den Vorschlag annimmt, wird das Team im Rahmen des betrieblichen Vorschlagswesens honoriert.

- **Total Quality Management (TQM):** Ganzheitlicher Ansatz, der über die Verbesserung der Produktqualität hinaus auch versucht, die betrieblichen Prozesse, die Mitarbeiter (Fehlerquote) und Betriebsmittel zu optimieren. Dafür arbeiten Geschäftsleitung und Mitarbeiter zusammen. Ziel ist die maximale Kundenzufriedenheit.

- **Kontinuierlicher Verbesserungsprozess (KVP, jap. KAIZEN):** Grundgedanke des KVP ist es, betriebliche Prozesse und Produkte fortlaufend weiterzuentwickeln. Dabei setzt man auf eine Fülle von kleinen, kontinuierlichen Verbesserungsschritten, die in ihrer Gesamtheit zum gewünschten Erfolg führen. Anders als in Europa und den USA werden in Japan keine „revolutionären" Innovationen gefordert und die Mitarbeiter auch nicht durch Prämien und Anreize zu Wettbewerb aufgefordert.

- **Normung:** Durch Standardisierung und Vereinheitlichung von materiellen und immateriellen Gegenständen lässt sich umfangreiches Rationalisierungspotenzial innerhalb eines Betriebs realisieren, bei gleichzeitig hohem Qualitätsniveau. Dabei können sowohl Werkstoffe und Betriebsmittel als auch ganze Prozesse genormt werden. In Deutschland ist das **Deutsche Institut für Normung** e. V. (DIN) Herausgeber solcher Normen.

6 Optimierung der Produktion

Ein Unternehmen ist immer bestrebt, seinen wirtschaftlichen Erfolg, d. h. das Verhältnis zwischen Aufwand und Ertrag, zu optimieren. Leider ist der Beschäftigungsgrad in der Regel nicht konstant, sondern schwankt sowohl im Laufe eines Geschäftsjahres als auch im Leben eines Betriebs. Hinsichtlich der Optimierung der Produktion sind daher zwei Situationen zu unterscheiden: Zum einen die **Reaktion auf kurzfristige, zeitlich begrenzte Schwankungen** der Produktionsmenge, zum anderen die auf dauerhafte Veränderungen. Bei kurzfristigen Beschäftigungsschwankungen bestehen drei Reaktionsmöglichkeiten:

zeitliche Anpassung

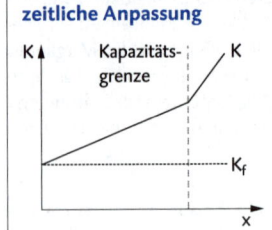

Zuwachs:
Überstunden (siehe Abb.: $K_v \uparrow$), Sonderschichten, Nachtarbeit, Wochenendarbeit, Urlaubssperre

Rückgang:
Kurzarbeit, verpflichtender Abbau von Überstunden, vorgezogener Urlaub, Feierschichten (K_f bleibt gleich, nur $K_v \downarrow$)

intensitätsmäßige Anpassung

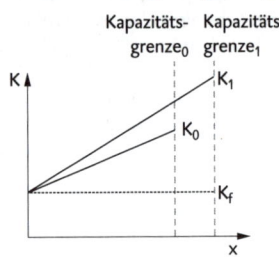

Durch Beschleunigung oder Verlangsamung des Produktionsprozesses (z. B. der Taktung des Fließbands; siehe Abb.: $K_0 \rightarrow K_1$).

Bei der Abweichung von der optimalen Arbeitsgeschwindigkeit steigen aber auch die Gesamtkosten von Anfang an stärker an als bei optimaler Arbeitsgeschwindigkeit.

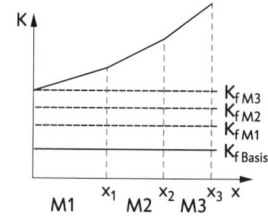

quantitative Anpassung (ggf. selektiv)

Zuwachs:
Einstellung von Leih-/Zeitarbeitern,
Leasing oder Kauf neuer Maschinen

Rückgang:
Entlassung von Leih-/Zeitarbeitern,
Stilllegung von Maschinen (in der
Reihenfolge der höchsten variablen
Kosten = selektiv)

Unabhängig davon, ob es sich um eine Erweiterung oder Reduzierung handelt, ist das Vorgehen **bei dauerhaften Beschäftigungsschwankungen** ähnlich. Stets müssen die betrieblichen Prozesse zunächst erfasst und anschließend so neu gestaltet werden, dass eine möglichst hohe Produktivität bei in Relation minimalen Herstellungskosten erreicht wird **(= Rationalisierung)**. Ziel ist ein bestmögliches Verhältnis von Kosten und Leistungen in Abhängigkeit von der Qualität und anderen betrieblichen Zielsetzungen. Zu diesem Zweck bestehen vor allem die folgenden Anpassungsmöglichkeiten:

- **Mechanisierung und Automatisierung:** Substitution der menschlichen Arbeitskraft durch Maschinen, z. B. Fertigungsautomaten, maschinelle Transporteinrichtungen, Laser-Kontrollen.

- **Normung:** Durch Vereinheitlichung von Teilen eines oder mehrerer Erzeugnisse lassen sich die Vorteile der Massenproduktion nutzen.

- **Typung:** Mehrteilige Fertigerzeugnisse werden vereinheitlicht. So werden im Automobilbereich von einem Fahrzeug meist mehrere Varianten angeboten (Limousine, Kombi, Standard-Modell mit diversen Motoren, Ausstattungsbesonderheiten etc.), die aber bis auf wenige markante Teile nahezu aus den gleichen Einzelteilen gefertigt werden.

- **Baukastensystem:** Hier werden Normung und Typung auf mehrteilige Baugruppen angewendet. Die Bausteine/Module finden sich dann in unterschiedlichsten Produkten wieder. So ist es in Automobilkonzernen üblich, dass bestimmte Module auch bei Tochterunternehmen Verwendung finden (z. B. Motoren, Getriebe, Karosserie-Unterkonstruktionen). Nur markante Komponenten werden bewusst unterschiedlich gestaltet (z. B. Karosserieform, Radkappen, Logos, Innenraum).

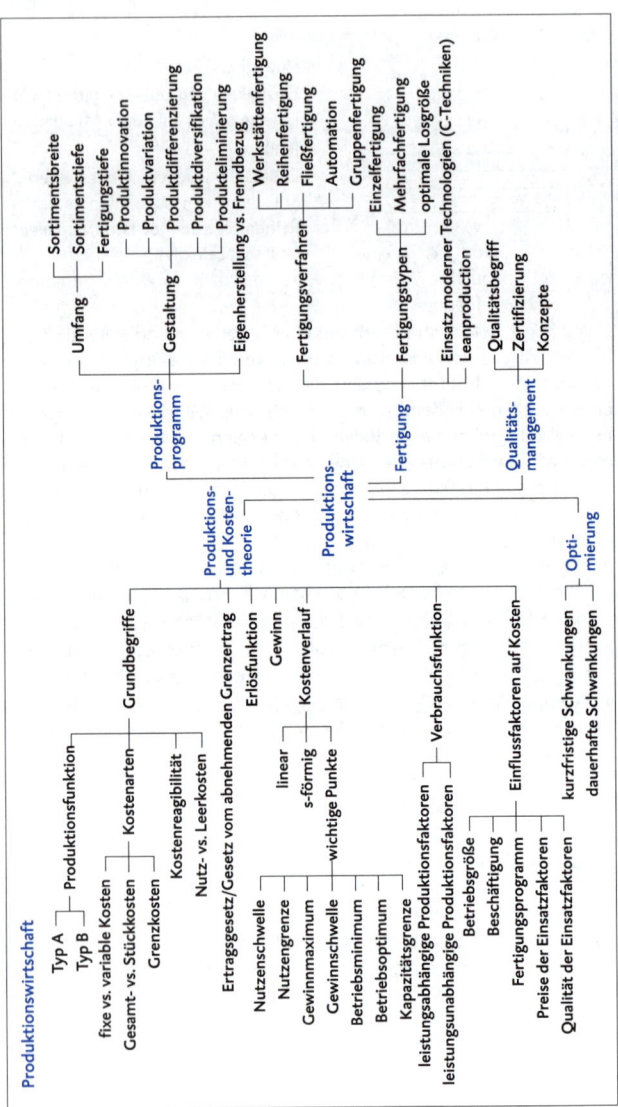

Produktionswirtschaft

Produktionsprogramm
- **Umfang**
  - Sortimentsbreite
  - Sortimentstiefe
  - Fertigungstiefe
- **Gestaltung**
  - Produktinnovation
  - Produktvariation
  - Produktdifferenzierung
  - Produktdiversifikation
  - Produkteliminierung
- Eigenherstellung vs. Fremdbezug

Fertigung
- **Fertigungsverfahren**
  - Werkstättenfertigung
  - Reihenfertigung
  - Fließfertigung
  - Automation
  - Gruppenfertigung
- **Fertigungstypen**
  - Einzelfertigung
  - Mehrfachfertigung
  - optimale Losgröße
- Einsatz moderner Technologien (C-Techniken)
- Leanproduction

Qualitäts-management
- Qualitätsbegriff
- Zertifizierung
- Konzepte

Produktions- und Kostentheorie
- **Produktionsfunktion**
  - Typ A
  - Typ B
- **Grundbegriffe**
  - **Kostenarten**
    - fixe vs. variable Kosten
    - Gesamt- vs. Stückkosten
    - Grenzkosten
  - Kostenreagibilität
  - Nutz- vs. Leerkosten
- Ertragsgesetz/Gesetz vom abnehmenden Grenzertrag
- **Erlösfunktion**
- **Gewinn**
- **Kostenverlauf**
  - linear
  - s-förmig
  - **wichtige Punkte**
    - Nutzenschwelle
    - Nutzengrenze
    - Gewinnmaximum
    - Gewinnschwelle
    - Betriebsminimum
    - Betriebsoptimum
    - Kapazitätsgrenze
- **Verbrauchsfunktion**
  - leistungsabhängige Produktionsfaktoren
  - leistungsunabhängige Produktionsfaktoren

Optimierung
- **Einflussfaktoren auf Kosten**
  - Betriebsgröße
  - Beschäftigung
  - Fertigungsprogramm
  - Preise der Einsatzfaktoren
  - Qualität der Einsatzfaktoren
- kurzfristige Schwankungen
- dauerhafte Schwankungen

Finanzwirtschaft

1 Investition

Investition (Investierung) ist eine Form der Mittelverwendung, bei der ein Betrieb Geld- und Sachkapital zur Anschaffung von Vermögen (Anlage- und Umlaufvermögen) verwendet, das dann für den Produktionsprozess zur Verfügung steht.

Die Frage nach Investitionen stellt sich vor allem bei Kapazitätsproblemen (z. B. Wachstum des Betriebs), aufgrund von politischen Anreizen (z. B. Investitionsprämien, Subventionen) sowie infolge der konjunkturellen Entwicklung (z. B. steigende Nachfrage im Rahmen einer wirtschaftlichen Aufschwungphase) und der eigenen Gewinnerwartung des Betriebs (Investitionen verursachen Kosten, reduzieren somit zunächst den Gewinn).

1.1 Ziele und Arten von Investitionen

Die **Zielsetzungen**, die ein Unternehmen mit Investitionen verfolgt, können sehr unterschiedlich sein. Neben der kurzfristigen Beschaffung von benötigten Rohstoffen und Materialien zur Aufrechterhaltung des Produktionsprozesses haben Investitionen in der Regel aber **eher langfristigen Charakter** und sind Teil der strategischen Planung des Unternehmens. Investitionen wirken sich auf das bestehende und zukünftige Erfolgspotenzial eines Betriebs aus. Die meisten Investitionen **beruhen auf „solider" Kalkulation** und haben daher wenig spekulativen Charakter.

Ein solcher **Investitionsprozess** vollzieht sich über mehrere Phasen. Ausgangspunkt ist stets ein betriebliches Ereignis (z. B. Engpass in der Produktion), das die Notwendigkeit einer Investition verdeutlicht (Anregungsphase). Anschließend werden sämtliche infrage kommenden Investitionsmöglichkeiten gesammelt (Sammelphase) und mittels Wirtschaftlichkeitsuntersuchungen vergleichbar gemacht (Optimierungsphase). Auf Basis dieser Daten erfolgt eine Entscheidung der Geschäftsführung und anschließend die Implementierung der Investition (Realisationsphase). Nach der Umsetzung erfolgt eine Kontrolle, ob die mit der

Investition verbundenen Zielsetzungen auch erreicht wurden (Kontroll-phase).

Je nach Betrachtungsweise kann man unterschiedliche Einteilungen von Investitionen vornehmen. Allgemein kann man **Bruttoinvestitionen** (Summe aller Investitionen in einer bestimmten Zeitphase) und **Nettoinvestitionen** (alle Investitionen, die über die Ersatzinvestitionen hinausgehen) unterscheiden. Darüber hinaus können Investitionen auch unterschieden werden:

nach der Vermögensart	nach ihrem Zweck

• Anlageinvestition (z. B. Beschaffung von Maschinen)
• Lagerinvestition (z. B. Aufbau von Vorratsbeständen)
• Finanzinvestition (z. B. Erwerb von Wertpapieren)
   – kurzfristig (eher spekulativ)
   – langfristig (Beteiligungscharakter)
• immaterielle Investition (z. B. Erwerb von Patenten, Lizenzen)
	• Erstinvestition (einmalig, z. B. bei der Gründung)
	• Ersatzinvestition (Ersatz ausgedienter Anlagen)
	• Erweiterungsinvestition (zur Aufstockung der Kapazität)
	• Rationalisierungsinvestition (Steigerung der Wirtschaftlichkeit)

1.2 Qualitative und quantitative Bewertung

Die **Verfahren der Investitionsrechnung** gehören zu den wichtigsten quantitativen Entscheidungshilfen bei Investitionen. Sie dienen dazu, verschiedene Investitionsalternativen vergleichbar zu machen, liefern Daten für eine fundierte Auswahlentscheidung und helfen dabei, den optimalen Zeitpunkt für die Durchführung der Investition zu ermitteln.

Generell wird zwischen **statischen** und dynamischen **Verfahren** unterschieden. Erstere betrachten lediglich den Zeitraum eines Jahres und legen den Berechnungen Durchschnittswerte zugrunde. **Dynamische Verfahren** hingegen berücksichtigen unterschiedliche Ein- und Auszahlungstermine im Zeitverlauf und zinsen diese auf den Investitionszeitpunkt ab. Damit schaffen sie ein realistischeres, aber mit einem gewissen Risiko (z. B. veränderte Rahmenbedingungen) behaftetes Abbild der Realität.

statische Verfahren	dynamische Verfahren
• Kostenvergleichsrechnung • Gewinnvergleichsrechnung • Rentabilitätsrechnung • statische Amortisationsrechnung	• Kapitalwertmethode • interne Zinsfuß-Methode • Annuitätenrechnung • dynamische Amortisations- rechnung

Investitionsentscheidungen werden nicht nur auf Grundlage von Ergebnissen der Investitionsrechnung getroffen. Neben diesen **quantifizierbaren Aspekten** spielen weitere, nicht direkt mess- und bewertbare Einflussfaktoren (qualitative Aspekte) eine wichtige Rolle. Zum Beispiel:

- Qualitätsvorgaben von Kunden
- Umweltschutzauflagen
- Verhalten der Konkurrenz
- Schutz/Erhalt von Know-how
- Sicherung von Arbeitsplätzen
- erwartete Serviceleistung
- Finanzierungsmöglichkeiten
- Outsourcing von Bereichen
- Liquiditätsaspekte (intern)
- Zukunftsplanung/Strategie

So kann es z. B. entgegen aller Kalkulation erforderlich sein, bestimmte Investitionen durchzuführen, um die Fortführung des Betriebs gewährleisten zu können (z. B. Forderung nach einer Zertifizierung des Betriebs durch einen wichtigen Großkunden, Auflagen der öffentlichen Hand zur Einhaltung gewisser Mindest-Umweltstandards).

1.3 Nachhaltiges Investment

Gerade im Zuge der Banken- und Finanzmarktkrise im Jahr 2008 wurden Forderungen nach einem „nachhaltigen" Investment laut. Darunter versteht man, dass Investitionen nicht nach kurzfristigen, meist spekulativen Renditeerwartungen getätigt werden sollten, sondern eine **langfristig angelegte Investitionsstrategie**, im Sinne einer dauerhaften Beteiligung an einem tragfähigen Unternehmen, verfolgt werden sollte.

Für ein Unternehmen bedeutet das auch, dass Investitionsprojekte (z. B. Aufbau einer neuen Niederlassung) nicht rein kurzfristig angelegt werden sollten (z. B. wenn die Rentabilität des Projektes mit Auslaufen einer staatlichen Förderung endet), sondern dass ebenfalls **mittel- und langfristig tragfähige Konzepte** entwickelt werden sollten.

Diesbezüglich wurden in der Vergangenheit negative Erfahrungen mit den sogenannten **verlängerten Werkbänken** gemacht. Das sind Standorte von Fertigungsbetrieben zur Endmontage von Produkten (z. B. Küchenmaschinen, Fernsehgeräte in Osteuropa), die über sehr niedrige Lohnkosten verfügen, aber mit keiner eigenen Entwicklungsabteilung oder irgendeiner Form von Entscheidungsbefugnis ausgestattet sind. Sobald das Werk amortisiert war und sich ein noch kostengünstigerer Standort aufgetan hatte, wurde der Betrieb binnen kürzester Zeit wieder geschlossen und an dem neuen Standort ein nahezu identisches Projekt umgesetzt.

Der Aspekt der Nachhaltigkeit geht aber über die rein wirtschaftliche Komponente hinaus. So kann nachhaltiges Investment durchaus auch unter sozialen, ethischen und ökologischen Gesichtspunkten gesehen werden.

Diese Entwicklungen resultieren letztlich aus einem Umdenken einer breiten Masse der Bevölkerung, die in ihrer Rolle als mündige Verbraucher über ihr Konsumverhalten Druck auf Betriebe ausübt und somit auch eine Umorientierung der Unternehmen selbst herbeiführen kann (vgl. S. 82, Käufermarkt).

So kann es sich heute z. B. keine Einzelhandelskette mehr erlauben, ein Warensortiment ohne Bio- und fair gehandelte Produkte anzubieten. Unternehmen müssen ihren Kunden gegenüber Rechenschaft ablegen, inwiefern sie ihre Produkte umwelt- und klimafreundlich herstellen und wie sie mit Ressourcen schonend umgehen. Die Behandlung der Mitarbeiter muss sozialen Mindeststandards genügen, Entlassungen sind – wenn überhaupt – sozialverträglich vorzunehmen.

Auch solche Überlegungen müssen im Rahmen des nachhaltigen Investments berücksichtigt werden und binden zunehmend Ressourcen der Betriebe.

wirtschaftlich	ökologisch
– langfristig stabile Renditen	– ökologisch verträglich
– Sicherheit der Investition	– klimafreundlich
– Abwägung des Rendite-Risikos	– ressourcenschonend

Nachhaltigkeit

ethisch	sozial
– „gerechte" Entlohnung	– arbeitnehmerfreundlich
– „angemessene" Gewinne	– Einhaltung von
– „moralisches" Handeln	Mindeststandards
	– vorausschauende
	Personalplanung

2 Finanzierung

Zur Anschaffung von Produktionsfaktoren, aber auch für die alltägliche Bereitstellung von Geld und Sachmitteln für die betriebliche Leistungserstellung, benötigt ein Unternehmen finanzielle Mittel. Diese werden in Form von Eigen- und/oder Fremdkapital zur Verfügung gestellt. Daher sind die Bereiche Investition (Mittelverwendung) und Finanzierung (Mittelherkunft) eng miteinander verknüpft.

Finanzierung umfasst neben der Beschaffung (Finanzierung im eigentlichen Sinne) auch die Verzinsung, Rückzahlung und ggf. Umformung von kurz-, mittel- und langfristigem Geld- und Sachkapital.

Hauptursache für die Notwendigkeit von Finanzierung ist, dass in einem Unternehmen die Ein- und Auszahlungen meist zeitlich auseinanderfallen und betragsmäßig nicht dieselbe Höhe aufweisen. Daher benötigt jeder Betrieb neben dem Leistungs-/Produktionsbereich einen Finanzbereich, der Ein- und Auszahlungen koordiniert.

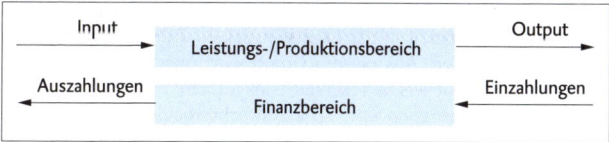

In der Regel erfolgt die zeitliche Synchronisation der Ströme durch eine **kurz-** und **mittelfristige Finanzplanung**, die detailliert über Zahlungsein- und -ausgänge sowie über die Einhaltung von Fristen wacht und rechtzeitig für die Aufnahme von Krediten sorgt, um Liquiditätsengpässe überbrücken zu können, bzw. überschüssiges Kapital gewinnbringend anlegt.

Es gibt verschiedene Einflussfaktoren **(= Determinanten)** in Bezug auf die Höhe des Kapitalbedarfs, die man folgendermaßen unterteilen kann:

mengenbezogen	**zeitbezogen**	**wertbezogen**
• Unternehmensgröße • Leistungsprogramm • Beschäftigungsgrad • Prozessanordnung	Prozessgeschwindigkeit (z. B. zeitliche Differenz zwischen Ein- und Auszahlung)	Preis (z. B. Höhe der Zinsen, Entwicklung)

2.1 Finanzierungsziele

Bei der Auswahl der vorteilhaftesten Finanzierungsart orientiert sich ein Betrieb an einer Reihe von Zielen, die je nach individueller Situation unterschiedliche Wertigkeit besitzen. In der Regel steht dabei die Rentabilität im Vordergrund. Daneben spielen Aspekte wie ständige Zahlungsfähigkeit (Liquidität), die Unabhängigkeit in den eigenen Entscheidungen sowie Sicherheitsaspekte eine Rolle:

Rentabilität: Primärziel eines Unternehmens ist die Erzielung von Gewinn. Neben einer Steigerung des Umsatzes oder einer Erhöhung des Verkaufspreises kann dies durch Kostensenkungen erfolgen. Da Abschreibungen und damit Kapitalkosten einen nicht unerheblichen Anteil am Verkaufspreis ausmachen, sollte neues Kapital so kostengünstig wie möglich beschafft werden. Für Fremdkapital fallen ein fester Zins, ggf. ein Disagio und Verwaltungskosten an. Eigenkapitalgeber sind meist am Gewinn beteiligt und im Vergleich zu Fremdkapitalgebern eventuell auch bereit, kurzfristig darauf zu verzichten.

Liquidität: Um einer möglichen Insolvenz vorzubeugen, muss ein Unternehmen jederzeit in der Lage sein, seinen Zahlungsverpflichtungen nachzukommen. Aus diesem Grund wird meist eine Liquiditätsreserve gehalten, die aus Barreserven, Bankguthaben oder schnell abrufbaren Krediten besteht. Die Aufrechterhaltung eines solchen Puffers ist mit Opportunitätskosten verbunden, da das so gebundene („tote") Kapital in der Regel keinen Ertrag abwirft. Damit steht dieses Ziel zu einem gewissen Grad in Konflikt mit der Rentabilität.

Unabhängigkeit: Jedes Unternehmen ist bestrebt, seine Entscheidungen ohne Einwirkung von außen zu treffen. Zur Finanzierung von Investitionen werden aber häufig externe Kapitalgeber benötigt. Diese fordern zumindest Informationen und damit einen Einblick in den Betrieb (z. B. im Rahmen einer Kreditwürdigkeits- und Projektprüfung), ehe sie ihr Geld zur Verfügung stellen. Im Fall von Eigenkapital sind sogar Mitsprache- und Mitentscheidungsrechte an die Beteiligung gekoppelt.

Sicherheit/Risiko: Für eine verlässliche Liquiditätsplanung des Betriebs ist es erforderlich, dass zugebilligte Kredite auch eingehalten und nicht durch vorzeitige Kündigung des externen Kapitalgebers abgezogen werden. Durch die Gewährung von Sicherheiten (z. B. Bürgschaften, Hypotheken) lässt sich dieses Risiko anteilig reduzieren, da auf diese beim Ausbleiben von Rückflüssen zurückgegriffen werden kann. Daneben muss der Kreditnehmer auch das Zinsrisiko, d. h. schwankende Belastungen infolge variabler Marktzinsen, berücksichtigen.

Die Ziele sind wechselseitig miteinander verflochten, und auch Zielkonflikte, z. B. zwischen Liquidität und Rentabilität oder Sicherheit und Unabhängigkeit, müssen bei der Auswahl der geeigneten Finanzierungsart abgewogen werden.

2.2 Kreislauf finanzieller Mittel

Die finanziellen Vorgänge des Betriebsprozesses lassen sich als Kreislauf darstellen:

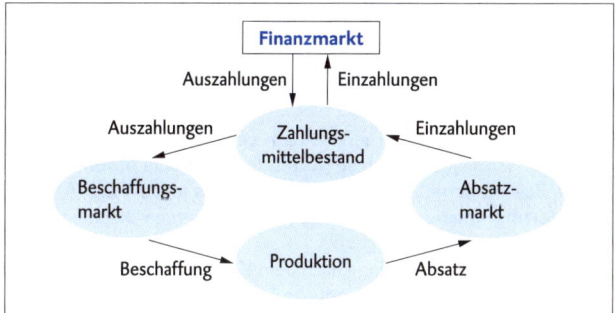

1. **Kapitalbeschaffung:** Ehe eine Investition getätigt werden kann, müssen die dafür erforderlichen Mittel bereitgestellt werden. Diese können in Form von Eigen- oder Fremdkapital vorliegen, das innerhalb des Betriebs bereitgestellt wird (Innenfinanzierung) oder dem Unternehmen von außen zufließt (Außenfinanzierung).

2. **Kapitalverwendung/Investition:** Nachdem ausreichend Mittel zur Verfügung stehen, werden verschiedene Investitionsalternativen geprüft (vgl. S. 69), und anschließend wird in der Regel die profitabelste umgesetzt. Je nachdem, ob es sich eher um kurz- (Verweildauer im Betrieb < 1 Jahr) oder langfristiges Vermögen handelt, werden Aktiva des Umlauf- oder Anlagevermögens hinzuerworben.

3. **Kapitalrückfluss/Desinvestition:** Durch die Produktion und den Absatz von Gütern kommt es zu einem ständigen Zufluss an liquiden Mitteln in den Betrieb. In der Regel liegen diese Umsatzerlöse (Erträge) über den entstandenen Kosten (Aufwendungen), sodass sich ein Gewinn (Jahresüberschuss) ergibt.

Des Weiteren werden bei abnutzbaren Gütern des Anlagevermögens Abschreibungen vorgenommen, die zu einer geplanten Desinvestition führen. Indem die Abschreibungen in den Verkaufspreis der Produkte einkalkuliert werden, fließen auch diese Mittel über den Umsatzprozess dem Unternehmen wieder zu. Damit stehen sie zumindest zeitlich begrenzt (bis zur fälligen Ersatzinvestition) für eine anderweitige Verwendung zur Verfügung.

4. **Kapitalabfluss:** Die aus dem Kapitalrückfluss erhaltenen finanziellen Mittel werden seitens des Unternehmens für neue Investitionen (erneuter Beginn des Kreislaufs) oder zur Rückzahlung von aufgenommenen Verbindlichkeiten (Fremdkapital) eingesetzt.

2.3   Finanzierungsarten im Überblick

Die Finanzierungsarten lassen sich nach verschiedenen Kriterien gliedern. So lassen sich z. B. nach der **Kapitalherkunft** die **Innen-** (Quelle des Kapitals im Betrieb, aus dem Umsatzprozess heraus) und **Außenfinanzierung** (neues Kapital kommt von externen Kapitalgebern) unterscheiden.

Ebenso ist eine Unterteilung nach dem **Kapitalgeber** in **Eigen-** und **Fremdkapital** (Eigen- und Fremdfinanzierung) möglich (vgl. S. 17).

Im Hinblick auf die Liquiditätsplanung ist eine Einteilung nach der **Fristigkeit**, d. h. nach dem **kurz-**, **mittel- und langfristig** verfügbaren Kapital, sinnvoll.

Die unten stehende Übersicht der **Finanzierungsarten** dient im Folgenden als Grundlage für die Betrachtung der verschiedenen Finanzierungsinstrumente/-möglichkeiten:

	Außenfinanzierung	**Innenfinanzierung**
Eigenkapital	• Einlagenfinanzierung • Beteiligungsfinanzierung	Selbstfinanzierung • offen • verdeckt
Fremdkapital	• Kreditfinanzierung • Leasing	Finanzierung aus Rückstellungen
Umschichtung		Kapitalfreisetzung, z. B. Abschreibungen

2.4 Außenfinanzierung

In diesem Fall wird dem Betrieb neues Kapital von außen, durch die Eigentümer bzw. Gesellschafter oder die Kreditgeber des Unternehmens, zugeführt. Je nach Art des Kapitals wird zwischen Einlagen-/Beteiligungs- (Eigenkapital) und Kreditfinanzierung (Fremdkapital) unterschieden.

Einlagenfinanzierung

Bei einer Personengesellschaft erhöht/erhöhen ein oder mehrere Gesellschafter seine/ihre **Einlage** mit zusätzlichem Kapital aus dem Privatvermögen. Die Summe hieraus wird dem jeweiligen Eigenkapitalkonto gutgeschrieben. Neben Geldkapital können auch neue Sacheinlagen (z. B. ein bisher rein privat genutztes Fahrzeug oder ein Computer) eingebracht werden.

Beteiligungsfinanzierung

Bei Kapitalgesellschaften wird neues Eigenkapital ebenfalls in Form neuer Einlagen durch die Gesellschafter aufgebracht. Bei Aktiengesellschaften erfolgt eine Erhöhung des Eigenkapitals in Form einer Emission (Neuausgabe) junger Aktien. Da sowohl die GmbH als auch die AG eine juristische Person ist, sind die Gesellschafter und Aktionäre nur Teilhaber an der Gesellschaft. Die Eigenfinanzierung bei Kapitalgesellschaften wird daher auch als Beteiligungsfinanzierung bezeichnet.

Die **Ausgabe neuer Aktien** ist in den §§ 182 ff. des Aktiengesetzes geregelt. Liegt der Ausgabekurs über dem Nennwert der neuen Aktien, erhöht dieses Agio (Aufgeld) die Kapitalrücklage der AG, die Summe der neuen Nennwerte geht in das Grundkapital ein. Damit die Anteilsverhältnisse der Altaktionäre gewahrt bleiben, erhalten diese zunächst entsprechend ihrem Anteil ein **Bezugsrecht** (B) auf die jungen Aktien. Wenn sie dieses Recht nicht in Anspruch nehmen, kann es verkauft werden. Der Wert eines solchen Bezugsrechts bestimmt sich nach folgender Formel:

$$B = \frac{K_a - K_j}{\frac{a}{j} + 1} \qquad \begin{aligned} K_a &= \text{Kurs der alten Aktie} \\ K_j &= \text{Kurs der jungen Aktie} \\ \frac{a}{j} &= \text{Bezugsverhältnis (alt zu jung)} \end{aligned}$$

Dadurch ist es möglich, den Kursverlust/-gewinn zwischen den alten und jungen Aktien auszugleichen.

Kreditfinanzierung

Bei der Kreditfinanzierung erhält das Unternehmen von Fremden, d. h. von Personen und Institutionen außerhalb des Betriebs, neues Fremdkapital (z. B. von Banken, Versicherungen, Lieferanten oder vom Staat).

Nach Prüfung der Kreditwürdigkeit und/oder Hinterlegung entsprechender Sicherheiten überlässt der Kreditgeber dem Kreditnehmer eine festgelegte Summe für einen befristeten Zeitraum als Kredit. Als Gegenleistung erhält er dafür Zinsen. An „versteckten" Kosten fallen meist noch Verwaltungsgebühren (i. d. R. in Form eines Disagios, d. h., die Kreditsumme wird nicht zu 100 % ausbezahlt) und Provisionen an.

Die häufigsten Formen der Kreditfinanzierung sind das **Bankdarlehen**, der **Lieferantenkredit** (Stundung der Zahlung, z. B. für 30 Tage) und **Kundenanzahlungen**. Bei kurzfristigen Zahlungsengpässen kann ein Unternehmen, ähnlich einer Privatperson, einen **Kontokorrentkredit** („Dispo-Kredit") bei der Hausbank in Anspruch nehmen.

2.5 Innenfinanzierung

Im Fall der Innenfinanzierung werden die benötigten finanziellen Mittel aus dem Unternehmen selbst über den Umsatzprozess bereitgestellt. Dieses Prinzip funktioniert aber nur, wenn der kontinuierliche Kapitalzufluss größer ist als der Kapitalabfluss (vgl. S. 73).

Wie bei der Außenfinanzierung kann je nach Art des Kapitals zwischen Selbstfinanzierung (Eigenkapital) und Finanzierung aus Rückstellungen (Fremdkapital) unterschieden werden.

Selbstfinanzierung

Von Selbstfinanzierung spricht man, wenn ein Unternehmen den erzielten Gewinn nicht an die Eigentümer ausschüttet, sondern zumindest anteilig im Betrieb einbehält **(Gewinnthesaurierung)**. Dem Unternehmen stehen so finanzielle Mittel für Investitionen zur Verfügung, die es selbst, d. h. aus eigener Kraft, erwirtschaftet hat. Es werden zwei Formen von Selbstfinanzierung unterschieden:

Bei der **offenen** Selbstfinanzierung werden die einbehaltenen Gewinne durch Zunahme der Kapitalanteile (bei Kapitalgesellschaften erfolgt eine Zunahme der Rücklagen) in der Bilanz offen ausgewiesen. Diese Rücklagen dienen dem Unternehmen gewissermaßen als Spardose.

Bei einer **stillen** oder auch **verdeckten** Selbstfinanzierung kommt es durch Unterbewertung von Vermögen (Aktiva) oder Überbewertung von Schulden (Passiva) zu einer Reduktion des ausgewiesenen Gewinns.

Unterbewertung von Vermögen	Überbewertung von Fremdkapital
<ul><li>in der Anfangsphase der degressiven Abschreibung</li><li>bei einem Restwert größer als der Erinnerungswert von 1 € bei der linearen Abschreibung</li><li>durch Nichtaktivierung aktivierungsfähiger Gegenstände</li><li>Verzicht auf Zuschreibungen bei dauerhaften Wertsteigerungen</li></ul>	<ul><li>Überbewertung von Rückstellungen für ungewisse Verbindlichkeiten</li><li>Ansetzen eines Tilgungszinses deutlich über dem derzeitigen Niveau bei variabel verzinstem Fremdkapital</li></ul>

Diese Möglichkeit eröffnet der Gesetzgeber den Unternehmen im Rahmen verschiedener Bewertungsspielräume. So zum Beispiel, wenn ein im Jahr 1950 erworbenes Grundstück in der Innenstadt von München immer noch mit dem damaligen Kaufpreis in der Bilanz ausgewiesen ist, obwohl der tatsächliche Wert aber mittlerweile um ein Vielfaches höher liegt. Diese **stillen Reserven** werden erst durch den Verkauf des unterbewerteten Gutes realisiert.

Finanzierung aus Rückstellungen

Rückstellungen sind Verbindlichkeiten (Fremdkapital), die hinsichtlich ihrer genauen Höhe und Fälligkeit ungewiss sind. Nach dem Prinzip der Vorsicht dürfen sie zum Zweck der später zu leistenden Ausgaben gebildet werden. Ihre Höhe ist dabei nach vernünftiger Beurteilung anzusetzen. Da sich diese Finanzmittel im Betrieb befinden, die Ausgabe aber erst in späteren Perioden getätigt wird, ergibt sich ein **vorübergehender Finanzierungseffekt** bis zur Fälligkeit der Ausgaben.

Wichtigste Finanzierungsquelle sind dabei **Pensionsrückstellungen**, die für Betriebsrenten gebildet werden. Häufig zahlen die Mitarbeiter über Jahrzehnte in diese Pensionskassen ein, bis erstmalig Auszahlungen erfolgen.

Finanzierung aus freigesetztem Kapital

Jedem Unternehmen steht es offen, durch Vermögensumschichtungen Kapital freizusetzen und dieses für die Beschaffung anderer Vermögensgegenstände aufzuwenden **(Uminvestierung)**. So können z. B. nicht mehr benötigte Grundstücke und Gebäude veräußert und mit den dadurch freigewordenen Mitteln eine neue Produktionsstraße erworben werden. Oder Vorratsbestände lassen sich bei einer Just-in-time-Anlieferung reduzieren, und dieses Kapital lässt sich für andere Zwecke verwenden.

Vom Begriff der Uminvestierung unterscheidet sich die **Umfinanzierung**. Mit dieser wird eine Veränderung der Kapitalstruktur (z. B. Umwandlung von Fremd- in Eigenkapital) bezeichnet, die aber kein Kapital in dem Sinne freisetzt, dass es für Investitionen zur Verfügung stünde.

Die wichtigsten Finanzierungsquellen aus freigesetztem Kapital sind die **Kapitalrückflüsse aus Abschreibungen**. Unternehmen rechnen den Wertverlust von abnutzbarem Anlagevermögen (z. B. allmählicher Verschleiß von Maschinen) in ihre Kalkulation und damit den Verkaufspreis der hergestellten Produkte mit ein, sodass die Abschreibungsgegenwerte über den Umsatzprozess wieder dem Unternehmen zufließen. Bis zum Zeitpunkt der fälligen Ersatzinvestition stehen diese Mittel für Finanzierungsvorgänge zur Verfügung. Wird also ein neu gekauftes Fahrzeug über einen Zeitraum von fünf Jahren abgeschrieben (z. B. linear mit je 1/5 des Kaufpreises), können diese Mittel bis zum Zeitpunkt der Wiederbeschaffung des Fahrzeugs anderweitig im Betrieb eingesetzt werden.

Werden die aus Abschreibungen zurückfließenden Mittel nicht zur Ersatzbeschaffung benötigt, so wird dies als **Kapitalfreisetzungseffekt** bezeichnet. Investiert der Betrieb die freien Mittel sofort wieder in Anlagegüter gleichen Typs und gleicher Anschaffungs- bzw. Herstellungskosten, so folgt daraus der **Kapazitätserweiterungseffekt (KEF, Lohmann-Ruchti-Effekt)**. Er gibt an, auf welchem durchschnittlichen Maschinenbestand sich ein Betrieb einpendelt, der den Kapazitätserweiterungseffekt nutzt. Unter der Voraussetzung, dass die Abschreibungsgegenwerte über den Umsatzprozess dem Unternehmen wieder zufließen und dass das lineare Abschreibungsverfahren verwendet wird, wird sich bei sehr großen Nutzungsdauern (n) der Anfangsbestand nahezu verdoppeln.

$$KEF = \frac{2 \cdot n}{n+1} \quad \text{[n in Jahren]}$$

Im betrieblichen Alltag ergeben sich allerdings Probleme, die die Umsetzung des theoretisch ermittelten Zusammenhangs unwahrscheinlich machen. So bleiben die Preise für die Wiederbeschaffung der Güter im Zeitverlauf in der Regel nicht konstant. Auch ist es fraglich, ob nach einem längeren Zeitraum noch exakt die gleiche Maschine beschafft werden kann (Nachfolgemodell). Der Einsatz des KEF macht nur dann Sinn, wenn die neuen Maschinen auch wirklich benötigt werden, d. h. auch ausgelastet sind, und die zusätzlichen Güter auch abgesetzt werden können. Außerdem darf auch keine Maschine vor dem Ende der geplanten Abschreibungsdauer ausfallen.

2.6 Sonderformen der Finanzierung

Leasing

Eine Sonderform der Fremdfinanzierung durch Sachmittel ist das Leasing. Dabei handelt es sich um eine Sonderform der Vermietung und Verpachtung von Investitions- und Konsumgütern. Je nachdem, ob der Leasinggeber zugleich der Hersteller des Gutes oder nur eine Vermittlerfirma ist, unterscheidet man direktes von indirektem Leasing.

Factoring

Eine Möglichkeit, sich kurzfristig Kapital zu beschaffen, ist das Factoring. Hierbei verkauft das Unternehmen seine kurzfristigen Forderungen aus Lieferungen und Leistungen gegenüber einem Abnehmer (Debitor) gegen eine gewisse Gebühr (i. d. R. 10 % der Summe) an eine Factoringgesellschaft (Factor). Dadurch fließt sofort ein Großteil des Gegenwerts der Forderungen dem Unternehmen zu (Finanzierungsfunktion). Ebenso geht das Ausfallrisiko (Delkredere) der Forderungen auf den Factor über (Delkrederefunktion), der auch die Rechnungsstellung übernimmt und den Zahlungseingang überwacht (Dienstleistungsfunktion). Dieses Verfahren können meist aber nur Unternehmen mit hoher Bonität, d. h. geringem Risiko eines Zahlungsausfalls, nutzen.

Asset Backed Securities

Dabei handelt es sich um eine Sonderform des Factorings, bei der die Forderungen (assets) an eine speziell eingerichtete Ankaufsgesellschaft veräußert werden. Diese verbrieft die Wertpapiere und bietet sie als „Commercial Papers" am Kapitalmarkt an. Zum Schutz gegen mögliche Ausfallrisiken werden die Wertpapiere abgesichert, z. B. durch Warenkreditversicherungen. Auch erhalten sie von Ratingagenturen eine Einstufung entsprechend ihrem Risiko. Diese Wertpapiere können von institutionellen Anlegern wie z. B. Banken und Versicherungen erworben werden. Der wesentliche Unterschied zum klassischen Factoring besteht in deutlich niedrigeren Factoring-Gebühren. Diese Finanzierungsform wird neben Großbetrieben mittlerweile auch im Mittelstand angeboten.

Private Equity Fonds/Venture Capital Gesellschaften

Bei dieser Sonderform der Eigenfinanzierung bündelt eine Fondsgesellschaft das Kapital vieler risikobereiter Investoren und stellt es vor allem sehr innovativen Kleinunternehmen (z. B. im Bereich der Biotechnologie; meist noch in der Gründungsphase) zur Verfügung. Wenn dieses Unternehmen einen technologischen Durchbruch erreicht, winken hohe Renditen. Andererseits ist das Ausfallrisiko ebenfalls sehr hoch.

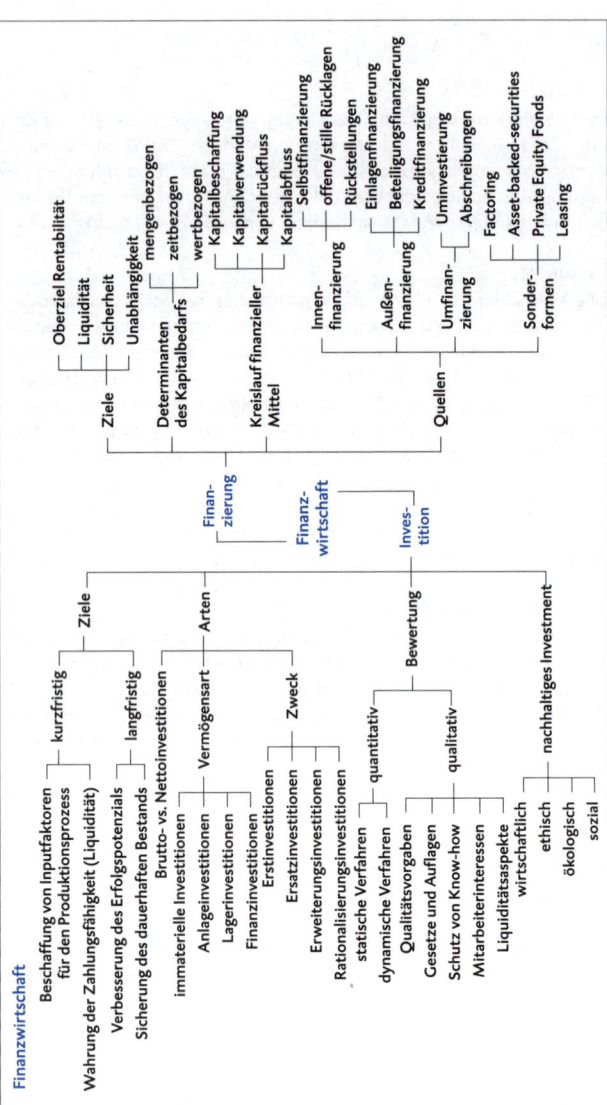

Finanzwirtschaft

- Beschaffung von Inputfaktoren für den Produktionsprozess
- Wahrung der Zahlungsfähigkeit (Liquidität)
- Verbesserung des Erfolgspotenzials
- Sicherung des dauerhaften Bestands

Finanzwirtschaft

Finanzierung

- **Ziele**
  - Oberziel Rentabilität
  - Liquidität
  - Sicherheit
  - Unabhängigkeit
- **Determinanten des Kapitalbedarfs**
  - mengenbezogen
  - zeitbezogen
  - wertbezogen
- **Kreislauf finanzieller Mittel**
  - Kapitalbeschaffung
  - Kapitalverwendung
  - Kapitalrückfluss
  - Kapitalabfluss
- **Quellen**
  - Innenfinanzierung
    - Selbstfinanzierung
    - offene/stille Rücklagen
    - Rückstellungen
  - Außenfinanzierung
    - Einlagenfinanzierung
    - Beteiligungsfinanzierung
    - Kreditfinanzierung
  - Umfinanzierung
    - Uminvestierung
    - Abschreibungen
  - Sonderformen
    - Factoring
    - Asset-backed-securities
    - Private Equity Fonds
    - Leasing

Investition

- **Ziele**
  - kurzfristig
  - langfristig
- **Arten**
  - Brutto- vs. Nettoinvestitionen
  - Vermögensart
    - immaterielle Investitionen
    - Anlageinvestitionen
    - Lagerinvestitionen
    - Finanzinvestitionen
  - Zweck
    - Erstinvestitionen
    - Ersatzinvestitionen
    - Erweiterungsinvestitionen
    - Rationalisierungsinvestitionen
- **Bewertung**
  - quantitativ
    - statische Verfahren
    - dynamische Verfahren
  - qualitativ
    - Qualitätsvorgaben
    - Gesetze und Auflagen
    - Schutz von Know-how
    - Mitarbeiterinteressen
    - Liquiditätsaspekte
  - nachhaltiges Investment
    - wirtschaftlich
    - ethisch
    - ökologisch
    - sozial

Absatzwirtschaft/Marketing

1 Markt

Kein Bereich der Wirtschaft hat sich in den letzten Jahrzehnten so stark verändert wie die globalen Märkte. Zu den „klassischen" Industrieräumen Europa, Nordamerika und Japan sind im Zuge der **Globalisierung** neue Mitbewerber aus Süd-, Ost- und Südostasien, dem Nahen Osten und Südamerika hinzugekommen. Die **Öffnung Osteuropas** und die **EU-Erweiterung** in diese Region zwingen deutsche Unternehmen, mit vergleichsweise billigen Anbietern vor ihrer „Haustür" zu konkurrieren. Unternehmensstandorte, Kapital und Arbeitsplätze sind **enorm mobil** geworden, und die Expansion in den **virtuellen Raum** des World Wide Web eröffnet neue Möglichkeiten im Bereich der Beschaffung und des Absatzes sowie in Teilbereichen der Produktion. Zugleich wächst der Bedarf an **international verbindlichen Normen** und einheitlichen **rechtlichen Standards**, sodass Institutionen wie z. B. die World Trade Organization (WTO) zunehmend an Bedeutung gewinnen.

1.1 Marktbegriff und Marktformen

Ein **Markt** ist ein ökonomischer Ort, an dem sich durch das Zusammentreffen von **Angebot** und **Nachfrage** die Preisbildung vollzieht. Märkte lassen sich nach unterschiedlichen Kriterien einteilen. Im Hinblick auf die Preisbildung macht eine Einteilung nach der Anzahl der an diesem Prozess Beteiligten Sinn (z. B. höherer Preisspielraum eines Monopolisten).

Entscheidend für den Prozess der Preisbildung ist, ob es sich um einen Markt mit überwiegend **homogenen Gütern** handelt und inwieweit die Marktteilnehmer einen Überblick über die anderen Akteure und deren Preisvorstellungen haben **(Markttransparenz)**. Hinzu kommt die **Anpassungsgeschwindigkeit**, also die Frage, wie schnell auf Veränderungen reagiert wird, ob die Teilnehmer nach dem **erwerbswirtschaftlichen Prinzip** handeln (rein nutzenorientiert) und ob **Präferenzen** (räumlich, zeitlich, sachlich) vorliegen. Nach der Zahl der aufeinandertreffenden Anbieter und Nachfrager unterscheidet man folgende Marktformen:

Anbieter	Nachfrager		
	viele	**wenige**	**einer**
viele	Polypol	Nachfrageoligopol	Nachfragemonopol
wenige	Angebotsoligopol	zweiseitiges Oligopol	beschränktes Nachfragemonopol
einer	Angebotsmonopol	beschränktes Angebotsmonopol	zweiseitiges Monopol

1.2 Wandel vom Verkäufer- zum Käufermarkt

Nach Ende des Zweiten Weltkriegs lag ein Großteil Europas in Trümmern. Sowohl im Bereich der privaten Haushalte als auch bei den Unternehmen waren große Zerstörungen zu beklagen. Daher ist es nicht verwunderlich, dass in der Nachkriegszeit ein deutlicher **Nachfrageüberhang** bzw. ein **Angebotsmangel** die wirtschaftliche Situation prägte. Die wenigen Produkte, die noch hergestellt wurden, fanden reißenden Absatz, sodass sich die Verkäufer keine Sorgen um den Verkauf ihrer Waren machen mussten. Diese Mangelsituation hielt für viele Produkte noch weit bis in die Phase des sogenannten Wirtschaftswunders (60er-Jahre) an **(= Verkäufermarkt)**.

Nur bei einigen wenigen, meist sehr teuren und exklusiven Luxusprodukten (z. B. Sportwagen, Jachten) oder Unikaten (Werke berühmter Künstler, exklusive Immobilien) besteht noch heute dieser Nachfrageüberhang, wobei er meist künstlich aufrechterhalten wird (z. B. limitierte Produktionsmenge, bewusste Einzelanfertigung).

Nach Abschluss des Wiederaufbaus und mit zunehmender Mechanisierung und Automatisierung der Produktion begann sich ein Wandel abzuzeichnen. Fortan war es möglich, weit mehr Produkte herzustellen, als man auf den Märkten absetzen konnte **(Angebotsüberhang)**. Infolge dieses Sättigungseffektes **(Nachfragemangel)** mussten die Unternehmen umdenken und beginnen, aktiv um das Kundeninteresse zu werben. Seitdem steht der Kunde im Fokus unternehmerischer Bemühungen. Der Absatz der Produkte ist die Hauptaufgabe der Unternehmen **(= Käufermarkt)**.

2   Marketing

Die verstärkte Ausrichtung von Unternehmen auf den Absatz ihrer Produkte hat eine neue Denkhaltung hervorgebracht, die das unternehmerische Planen und Handeln bestimmt, das **Marketing**. Darunter versteht man eine strikte Ausrichtung aller Aktivitäten eines Unternehmens auf die gegenwärtigen und künftigen Anforderungen des Marktes.

Marketing umfasst sowohl die systematische Gewinnung von Informationen über die vorhandenen und potenziellen Kunden **(Marktforschung)** als auch die konkrete Planung **(Marketingstrategie)** und Umsetzung von Maßnahmen, mit deren Hilfe man den Absatz der eigenen Produkte sicherstellen will **(Marktgestaltung)**. Der **Marketing-Prozess** umfasst folgende Stufen:

Markt-forschung/ Umfeld-analyse	Zielformu-lierung	Strategie-festlegung	Einsatz des Marketing-Mix	Marketing-Controlling

Je nach benötigter Umsetzungs- und geplanter Lebensdauer des Produkts kann es erforderlich sein, die Marktforschung und Umfeldanalyse längerfristig aufrechtzuerhalten und Strategie und Einsatz des Marketing-Mix ggf. an veränderte Rahmenbedingungen anzupassen.

Dabei geht es heute nicht mehr um einen fiktiven Durchschnittskunden, sondern im Zuge der modernen Informationstechnologien, insbesondere der Möglichkeiten der EDV-gestützten Speicherung und Auswertung von Kundendaten, steht der individuelle, reale Kunde im Fokus der Bemühungen der Unternehmen **(Direktmarketing)**. Immer mehr Betriebe gehen sogar so weit, dass die konsequente Kundenorientierung alle Unternehmensbereiche in einem integrierten Gesamtsystem durchdringt **(Customer Relationship Management)**.

2.1   Marktforschung und -entwicklung

Im Rahmen der Marktforschung werden systematisch und zielorientiert die Absatzmärkte untersucht sowie Marktdaten gesammelt und ausgewertet. Dabei geht es um die Gewinnung von Daten sowohl über die aktuelle Situation als auch über zukünftige Entwicklungen.

Marktforschung		
Arten	**Methoden**	**Auswahlverfahren**
• Marktanalyse	• Primärforschung	• Stichprobe
• Marktbeobachtung	• Sekundärforschung	• Vollerhebung

Arten der Datenerhebung

Je nachdem, ob es sich um eine einmalige, zu einem bestimmten Zeitpunkt und für einen bestimmten Zweck durchgeführte Marktanalyse handelt oder ob das Unternehmen über einen längeren Zeitraum bzw. sogar dauerhaft die Märkte überwacht, wird zwischen der kurzfristigen **Marktanalyse** und der langfristigen **Marktbeobachtung** unterschieden.

Verfahren der Marktanalyse werden häufig dazu eingesetzt, um ein „Stimmungsbild" bei den potenziellen Käufern aufzunehmen oder noch vor Entwicklung eines neuen Produkts unbekannte Bedürfnisse aufzuspüren bzw. Vermutungen im Hinblick auf Verbraucherwünsche zu überprüfen.

Die Marktbeobachtung hingegen begleitet meist ein Produkt von der Einführung bis zur Elimination und dokumentiert den gesamten Prozess. Diese Erfahrungswerte können sowohl im Hinblick auf die Entwicklung von Folgeprodukten als auch für den Prozess der Markteinführung an sich verwendet werden.

Methoden der Datenerhebung

Je nachdem, ob bereits Informationen/Datenbestände für einen Bereich vorliegen oder ob diese erst erhoben werden müssen, kommen unterschiedliche Methoden der Datenerhebung infrage.

Primärforschung	**Sekundärforschung**
• Gewinnung neuer Daten durch Befragung, Beobachtung und Experiment	• Auswertung vorhandener Datenbestände unter neuen Gesichtspunkten
• Erhebung direkt am Entstehungsort	• meist Automatisierungsmöglichkeit der Auswertung (Data-Mining)
• meist sehr zeit- und kostenintensiv	• geringerer Zeit- und Kostenaufwand
• aktuell, da neu erhobene Daten	• Rückgriff auf vorhandene und damit i. d. R. ältere Datenbestände

Im Rahmen der **Primärforschung** werden neue Daten für ein konkretes Produkt oder eine bestimmte Fragestellung erhoben, die bisher nicht vorlagen. Ein Rückgriff auf bereits bestehende Informationen ist dabei nicht möglich. Die Erhebung erfolgt daher in der Regel direkt beim Kunden/potenziellen Käufer und ist meist zeit- und kostenintensiv. Die Gewinnung der erwünschten Informationen kann durch Befragung, Beobachtung und Experimente unmittelbar am Entstehungsort erfolgen.

Bei der **Befragung** werden von einer bestimmten Zielgruppe, die vorher abgegrenzt werden muss, direkt neue Informationen über deren Ansichten, Präferenzen oder ihre Zufriedenheit bezüglich eines Produkts erhoben. Klassischerweise erfolgt die Erhebung in Form eines freien Interviews oder mittels Fragebogen. Aus Kostengründen wird die Befragung meist telefonisch oder online durchgeführt. Aus Gründen der besseren Auswertbarkeit werden bei den meisten Fragebögen Ja-/Nein-, Auswahl- und Bewertungsfragen (z. B. Notenskala) eingesetzt.

Im Rahmen der **Beobachtung** versuchen Unternehmen, Informationen über das Verhalten von Kunden und potenziellen Käufern zu erhalten. Der Hauptvorteil besteht darin, dass man nicht von der Auskunftsbereitschaft des Beobachteten abhängt. Viele Supermarktketten führen z. B. sogenannte Kundenlaufstudien durch, um zu ermitteln, welchen Weg ihre Kunden durch das Geschäft nehmen und welche Waren sie dabei kaufen. Dies kann mittels Überwachungskameras sowohl in regulären Supermärkten geschehen, als auch in speziell dafür eingerichteten Muster-/Testsupermärkten, in denen neue Warenanordnungen oder Produkte ausgetestet werden können. Problematisch daran ist, dass eine Verhaltensänderung erfolgt, wenn dem Kunden bewusst ist, dass er beobachtet wird.

Die gleiche Problematik tritt auch im Rahmen von **Experimenten** auf. Hier findet die Befragung und/oder Beobachtung in einer kontrollierten Versuchsanordnung statt, wobei die Rahmenbedingungen exakt vorgegeben sind, um möglichst reproduzierbare Ergebnisse zu erzielen. So führen Lebensmittelhersteller an Probanden z. B. Geschmackstests zu neuen Produkten durch, um zu erfahren, welche geschmackliche Nuance bei den Testpersonen mehr Anklang findet.

Die Verfahren der **Sekundärforschung** bauen auf bestehenden Datenbeständen auf (sowohl betriebsintern als auch -extern) und werten diese unter neuen Gesichtspunkten aus. In der Regel gibt es dabei ein hohes Automatisierungspotenzial, sodass dieses Vorgehen meist weniger Zeit in Anspruch nimmt und daher auch geringere Kosten verursacht. Allerdings erhält man auch nur solche Informationen, die in den vorhandenen Daten enthalten sind.

Betriebsintern stehen Datenbestände der Buchhaltung, des Rechnungswesens, des Absatzes und der Lagerkartei zur Verfügung sowie z. B. auch eingegangene Reklamationen. Aus externen Quellen können Daten aus amtlichen Statistiken, Informationen von Wirtschafts- und Branchenverbänden, aus Erhebungen von Konsum- und Wirtschaftsforschungsinstituten sowie aus wissenschaftlichen und journalistischen Quellen abgerufen werden.

Im Zuge moderner Datenbanksysteme werden viele Informationen bereits automatisiert erhoben und im Rahmen eines **Data-Mining** im Hinblick auf marketingrelevante Erkenntnisse ausgewertet.

Auswahlverfahren

Aus Zeit- und Kostengründen ist es meist unmöglich, eine **Vollerhebung** durchzuführen, d. h. alle potenziellen und vorhandenen Kunden eines Unternehmens zu befragen. Daher begnügt man sich in der Praxis mit einer **Stichprobe**, um aus deren Verhalten und den Ergebnissen Rückschlüsse auf die Gesamtheit zu ziehen (z. B. alle Hausfrauen, Senioren, Selbstständige). Dabei ist es wichtig, dass die Stichprobe repräsentativ ist, d. h. ein verkleinertes, aber wirklichkeitsgetreues Abbild der Gesamtheit darstellt. Dabei können sowohl Zufalls- als auch bewusste/gezielte Auswahlverfahren, z. B. nach soziologischen Kriterien, zum Einsatz kommen.

Methoden der Datenanalyse

Auch eine stichprobenhafte Datenerhebung liefert eine Fülle von detaillierten Einzelinformationen. Diese müssen nun auf ein sinnvolles Maß reduziert und analysiert werden. Dafür gibt es in der Statistik unterschiedliche Methoden.

- **Regressionsanalyse:** Diese Methode untersucht den Zusammenhang zwischen zwei oder mehreren Variablen (z. B.: Wie korrelieren Werbebudget und Umsatz miteinander?).

- **Diskriminanzanalyse:** Diese Methode untersucht Gruppen von Personen und versucht, Eigenschaften zu finden, die diese Gruppen klar voneinander abgrenzen (z. B.: Worin unterscheiden sich Kunden unterschiedlicher Biermarken?).

- **Clusteranalyse:** Hier wird eine Gesamtheit von Objekten (z. B. Kunden) in unterscheidbare Teilmengen (Cluster) aufgeteilt, die in sich möglichst homogen sind, aber zwischen denen möglichst große Unterschiede bestehen. Ziel ist es, zu erfahren, welche „Kundentypen" es gibt, um diese individueller betreuen zu können.

2.2 Strategisches und operatives Marketing

Jedes Unternehmen ist bestrebt, ein möglichst in sich geschlossenes Marketing-Konzept zu entwickeln, das als Grundlage für die Führung des Betriebs in der Gegenwart und Zukunft dient.

Die Marketingstrategie orientiert sich dabei an der gesamten Unternehmensstrategie und umfasst neben der kurzfristigen Planung des operativen Tagesgeschäfts mit dem Verkauf der erzeugten Güter auch die langfristige strategische Planung im Hinblick auf eine dauerhafte Marktentwicklung. **Strategische Marketingziele** und -strategien sind:

- **Markterschließung:** Erschließung zusätzlicher räumlicher Absatzgebiete oder Gewinnung neuer Zielgruppen, ggf. auch Eindringen in andere Verwendungsbereiche.

- **Marktdurchdringung:** Abwerben von Kunden der Konkurrenz, Gewinnung von bisherigen Nichtverwendern, Erhöhung der Produktverwendung und Markentreue bestehender Kunden.

- **Marktdifferenzierung:** Untergliederung des Marktes in Teilmärkte, um speziell auf diese Gruppen abgestimmte Maßnahmen umsetzen zu können und ggf. eine Monopolstellung zu erlangen.

Das **operative Marketing** beschäftigt sich mit dem Verkauf eines Produkts oder einer Produktgruppe. Hierfür werden die Instrumente des sogenannten **Marketing-Mix** eingesetzt. Die verfolgten Ziele können sehr unterschiedlich sein. Finanzielle Aspekte wie Umsatzsteigerung, die Erzielung eines positiven Deckungsbeitrags oder eines hohen Gewinns gehören ebenso dazu wie absatzwirtschaftliche Aspekte wie Anhebung des Bekanntheitsgrades, Aufbau eines bestimmten Images oder Branding (Entstehen einer Marke, z. B. „Tempo" für Papiertaschentuch).

Product (Produktpolitik)
- Produktgestaltung
- Programmgestaltung
- Marke/Produktname
- Kundendienst

Price (Preispolitik)
- Preisfindung
- Konditionengestaltung
- Zahlungsbedingungen

Marketing-Mix

Place (Distributionspolitik)
- Absatzwege
- Absatzorgane
- Logistik

Promotion (Kommunikationspolitik)
- Werbung
- Verkaufsförderung
- Öffentlichkeitsarbeit

2.3 Produktpolitik

Im Rahmen der Produktpolitik entscheidet ein Unternehmen über die Einführung neuer oder die Variation bestehender Produkte sowie über die Eliminierung nicht mehr erfolgreicher Produkte.

Ziel ist es dabei, das eigentliche Produkt, das Programm des Unternehmens und mögliche Zusatzleistungen so zu gestalten, dass sie möglichst optimal auf die Kundenwünsche abgestimmt sind und zugleich den Zielsetzungen des Unternehmens (z. B. starke Gewinnorientierung) dienen. Ansatzpunkte der Produktpolitik sind:

Produktgestaltung	Programmgestaltung	Zusatzleistungen/Service
• funktionale Eigenschaften • Design • Name/Brand • Verpackung	• Modellbreite (Anzahl Produkte) • Modelltiefe (Variantenzahl)	• Garantie • Kundendienst • Zubehör • Bedienungsanleitung

Sehr häufig treten dabei allerdings **Zielkonflikte** auf. So ist z. B. ein Kunde eines Automobilherstellers daran interessiert, dass eine große Auswahl unterschiedlicher Modelle in zahlreichen Varianten existiert. Je kleiner aber die produzierte Stückzahl ist, desto höher sind in der Regel die Kosten für den Hersteller und damit auch der erforderliche Verkaufspreis, was dem Absatz der Fahrzeuge wieder entgegenwirkt. Die Lösungen für diesen Konflikt können individuell sehr unterschiedlich sein. So werden z. B. nur solche Eigenschaften in großer Vielfalt angeboten, die relativ kostengünstig zu realisieren sind. Ein Automobilhersteller erfüllt beispielsweise nahezu jeden Farbwunsch eines Kunden, während er bei der Variantenzahl nur diejenigen Kategorien anbieten wird, die auch der Großteil der Konkurrenten im Angebot hat.

Produktinnovation

Unter einer Innovation versteht man die Überführung einer Invention in ein konkretes Produkt und die Einführung desselben am Markt. Der wesentliche Vorteil von Innovationen besteht in einer meist zeitlich begrenzten Monopolstellung, die es dem Hersteller erlaubt, hohe Umsätze und hohe Gewinne mit dem neuen Produkt zu realisieren. Allerdings trägt ein solcher „Pionierunternehmer" auch erhebliche Risiken, so z. B. die Gefahr eines möglichen Scheiterns, wenn die Innovation z. B. seitens der Endkunden nicht akzeptiert wird oder auch Nachahmer (Plagiate) zu schnell auf den Markt drängen. Um sich das Risiko der Einführung einer

Innovation zu teilen, können Betriebe mit anderen Unternehmen ko-
operieren (z. B. in Form eines Joint Ventures). Bei ausreichend finanziellen Mitteln können innovative Unternehmen auch aufgekauft und
deren Produkte, evtl. leicht modifiziert oder verbessert, unter eigenem
Namen veräußert werden (z. B. Softwarehersteller Microsoft).

Produktverbesserung/-variation

Anstatt eine riskante Innovation am Markt zu platzieren, kann ein Betrieb auch versuchen, durch einen sogenannten Relaunch ein bereits
älteres, d. h. schon länger am Markt etabliertes, Produkt wieder attraktiv
für die Kunden zu machen. Folgende Ansatzpunkte bieten sich für den
Produkt-Relaunch an:

- ästhetische Eigenschaften: neues Design, Farbe, Variation der Verpackung
- symbolische Eigenschaften: neuer Name, Etablierung einer Marke
(engl.: Brand)
- funktionale Eigenschaften: Konstruktion, Quantität, Qualität
- Zusatzleistungen: Kundendienst, Garantien

Produktvariationen sind meistens dann erforderlich, wenn sich die Ver-
braucherbedürfnisse deutlich verändern oder technische Neuerungen
auf den Markt kommen.

Produktdifferenzierung/Variantenvielfalt

Durch das gleichzeitige Anbieten mehrerer Produktvarianten versucht
ein Unternehmen, den individuellen Kundenwünschen Rechnung zu tragen. Allerdings steigen dadurch trotz modernster Automationstechnik
die Kosten an. Deshalb ist es geschickt, die Unterschiede zwischen den
einzelnen Modellen so spät wie möglich in der Produktionskette entstehen zu lassen. So können Entwicklungs- und Produktionskosten ge-
senkt werden. Diese Strategie bezeichnet man als **Plattformstrategie**.

Bezüglich der Varianten unterscheidet man tatsächlich neue Produkte, nur technisch verbesserte und rein optisch unterschiedliche Produktvarianten.

Produktdiversifikation

Die Ausweitung des Programms auf **zusätzliche Produkte** dient v. a.
der Risikostreuung durch das Schaffen weiterer Standbeine. Auch können dadurch meist Synergieeffekte (z. B. Nutzung der vorhandenen Pro-
duktions-Know-hows oder eines bestehenden Kundenstamms für ein
weiteres Produkt) erzielt werden. Folgende Arten der Produktdiversifikation sind möglich:

horizontal	vertikal	lateral/seitlich
Erweiterung um Produkte der gleichen Fertigungsstufe (z. B. neues Pkw-Modell)	Erweiterung um Leistungen einer vor- oder nachgelagerten Fertigungsstufe (z. B. Autos und nun Reifen)	Erweiterung um Produkte, die in keinem Zusammenhang zueinander stehen

Produkteliminierung

Nicht nur die Aufnahme neuer oder verbesserter Produkte in das Leistungsprogramm ist von Bedeutung, sondern auch die Aufgabe von nicht mehr erfolgreichen Produkten zum richtigen Zeitpunkt.

Neben quantitativen Kriterien, wie z. B. Umsatz, Marktanteil, Deckungsbeitrag und Rentabilität des jeweiligen Produkts, spielen auch qualitative Aspekte, wie z. B. Nachfrage-/Bedürfnisänderungen bei den Kunden, mögliche Gesetzesänderungen (z. B. Verbot der Nutzung von FCKW) oder Produktionsprobleme, eine Rolle.

Die einzelnen Entscheidungen zur Produktinnovation, -differenzierung, -variation, -diversifikation oder zur Eliminierung eines Produkts sind dabei stets im Zusammenhang mit der betrieblichen Programmpolitik **(Programmgestaltung)** zu sehen.

Zur Produktpolitik gehört auch die **Verpackung** des Produkts. Neben dem reinen Schutz der Ware bei Lagerung und Transport hat diese auch eine wichtige **Verkaufsfunktion**, da sie Werbe- und Informationsträger ist sowie zur eindeutigen Identifizierung und Abgrenzung von der Konkurrenz dient.

Pre- und After-Sales-Prozesse

Der Service ist in vielen Branchen mittlerweile so wichtig, dass er als ein eigener, fünfter Bereich der **Produktpolitik** gesehen werden kann. Im globalen Wettbewerb haben deutsche Unternehmen mit ihren Produkten selten Preisvorteile gegenüber der Konkurrenz. Umso wichtiger ist es, durch entsprechende **(Zusatz-)Dienstleistungen** diesen Nachteil zu kompensieren und einen dauerhaften Erfolgsfaktor zu schaffen.

Modernes Marketing setzt daher nicht erst beim eigentlichen Verkaufsvorgang an, sondern versucht, den Kunden bereits im Vorfeld anzusprechen und eine Vertrauensbasis aufzubauen, um den späteren Verkaufsprozess erfolgreicher gestalten zu können. Zugleich endet die Beziehung nicht mit dem Verkauf des Produkts, sondern durch zusätzliche Leistungen nach dem Kauf versucht man, eine dauerhafte Kundenbindung zu erreichen. Die Serviceleistungen können dabei sowohl vom Hersteller selbst, als auch vom Handel erbracht werden.

	vor dem Kauf	**nach dem Kauf**
technisch	• technische Beratung • Lieferung zur Probe • Planungsleistungen • Problemlösungsvorschläge	• Montage • Ersatzteilversorgung • Reparatur/Wartung • Updates
kaufmännisch	• Beratung und Information • Bestellservice • Finanzierungsangebote • Parkplatz	• Verpackung • Umtauschrecht • Kundenschulung

Wenn ein Vertrauensverhältnis geschaffen und eine hohe Kundenzufriedenheit erreicht wurde, besteht die Chance auf einen Wiederkauf, eine **Kontinuierung** der Nachfrage. Zugleich kann **Cross-Selling-Potenzial** entstehen, d. h., der Kunde kann für den Kauf anderer Produkte des Unternehmens begeistert werden. Letztlich sind zufriedene Kunden die beste **Werbung** für ein Unternehmen, wenn sie ihre Zufriedenheit und Erfahrungen mit dem Produkt und Betrieb weiterkommunizieren.

2.4 Kontrahierungspolitik

In einem auf Wettbewerb ausgerichteten Wirtschaftssystem ist neben dem eigentlichen Produkt der Preis die wesentliche Einflussgröße für den Absatz der erzeugten Güter und Dienstleistungen. Im Rahmen der Kontrahierungs- oder **Preispolitik** beschäftigt man sich mit der Ermittlung und Festlegung der Preise, der Preisdifferenzierung, der Preisdurchsetzung und den Liefer- und Zahlungsbedingungen (Konditionen).

Nach dem magischen **Dreieck der Preispolitik** bewegt sich die Preissetzung im Spannungsfeld dreier Größen. Zumindest auf lange Sicht sollte der Preis die Selbstkosten des Produkts übersteigen, damit das Unternehmen rentabel arbeitet. Daneben müssen die **Preisbereitschaft** der Nachfrager und das Verhalten der Konkurrenz berücksichtigt werden. Ist ein Produkt zu teuer, findet es keinen Absatz. Ein sehr niedriger Preis kann aber auch als „Kampfansage" an die Konkurrenz verstanden werden und somit einen ruinösen Preiswettbewerb auslösen (z. B. Konkurrenz zwischen Discountern).

Verfahren der Preisermittlung

Ein Verfahren, um den Preis für ein Produkt zu ermitteln, ist die **Orientierung an der Konkurrenz**. Meistens bieten mehrere Anbieter ähnliche (z. B. Mittelklasse-Pkws, Elektroartikel), gelegentlich sogar nahezu identische Produkte an (z. B. Benzin, Mehl, Grundstoffchemikalien). Als Anhaltspunkt für den eigenen Preis kann dann der Durchschnittspreis aller Anbieter oder der Preis des jeweiligen Markführers für dieses Gut (größter Umsatz mit diesem Produkt) dienen. Generell gilt: Je einheitlicher (homogener) das Gut ist, desto geringer ist der Spielraum für eigene Preispolitik. Durch eine Heterogenisierung (z. B. Verknüpfung mit einem bestimmten Image, Prämien, Sonderaktionen) kann in geringem Umfang von den Preisen der Konkurrenz abgewichen werden.

Neben der Orientierung an der Konkurrenz kann rein durch Kostenkalkulation **(kostenorientierte Preispolitik)** der Verkaufspreis eines Gutes ermittelt werden. Außer den angefallenen Kosten und dem gewünschten Gewinn sind dabei keine zusätzlichen Informationen erforderlich. Problematisch ist dieses Verfahren, wenn der so ermittelte Verkaufspreis über der Preisbereitschaft der Nachfrager liegt. Andererseits ist es aber auch denkbar, dass die Kunden durchaus auch einen höheren Preis akzeptieren würden und somit unnötig Gewinn entgeht.

Bei einer **nachfrageorientierten Preisbildung** orientiert sich der Preis in erster Linie an der Reaktion der Nachfrager. Neben Preistests, die die Akzeptanz verschiedenster Preise erfragen, wird immer häufiger das Konzept des Target Costing/Target Pricing angewendet. Hier bestimmt der Preis die Kosten. Ausgehend von der Frage, zu welchem Preis das Produkt am besten abgesetzt werden kann, wird rückwärts geplant, d. h. festgelegt, was die Produktentwicklung und -herstellung kosten darf.

Häufig kommt auch eine **Mischkalkulation** zum Einsatz, bei der bewusst einzelne Produkte mit Verlust kalkuliert sind, dieser aber durch andere Produkte mit hohen Gewinnen kompensiert wird (Drucker und Druckerpatronen).

kostenorientiert	nachfrageorientiert
variable Kosten	Target Price
+ Fixkostenanteil (Gemeinkosten)	(= geplanter Verkaufspreis)
+ angemessener Gewinnaufschlag	− Mehrwert-/Umsatzsteuer
= Nettopreis	= Nettopreis
+ Mehrwert-/Umsatzsteuer	− Target Profit
= Bruttoverkaufspreis	= Target Costs

Preisdifferenzierung

Häufig wird das gleiche Produkt zu unterschiedlichen Preisen an verschiedene Kundengruppen veräußert. Im Rahmen der sogenannten Preisdifferenzierung ist es möglich, die unterschiedliche Preisbereitschaft der verschiedenen Gruppen abzuschöpfen und den Gewinn des Unternehmens zu steigern. Dazu bestehen folgende Möglichkeiten:

- **räumlich:** In verschiedenen Gebieten werden für das gleiche Produkt unterschiedliche Preise verlangt, z. B. Preis von Medikamenten im In- und Ausland.
- **zeitlich:** Wenn die Nachfrage nach einem Produkt oder einer Dienstleistung im Zeitverlauf schwankt, kann dies für eine Preisdifferenzierung genutzt werden, z. B. Vor-, Haupt- und Nebensaison in Urlaubsgebieten.
- **personell:** Hier nützt man persönliche Unterschiede zwischen den Kundengruppen zur Preisgestaltung aus, z. B. Kinder- und Seniorentarife, Privat- oder Firmenkunden.
- **mengenbezogen:** Je größer die abgenommene Menge, desto niedriger der Verkaufspreis, z. B. drei Brezeln zum Preis von zwei.
- **produktbezogen:** Ein Produkt wird in verschiedenen Varianten angeboten, um Käufer mit unterschiedlichen Anspruchsniveaus zu erreichen, z. B. Hardcoverbücher oder Taschenbücher, reduzierte Ware bei kleinen Verarbeitungsfehlern (zweite Wahl).

Preisstrategien

Nur in den wenigsten Fällen ist der Preis für ein Produkt über den gesamten Produktlebenszyklus stabil. Preispolitische Strategien umfassen alle Maßnahmen preispolitischer Art, die für den Verlauf des Produktlebenszyklus geplant sind. Zu den wichtigsten zählen die **Skimming**- und die **Penetration-Strategie**.

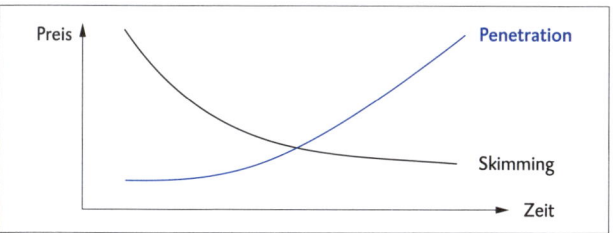

Hochpreispolitik ...	Niedrigpreispolitik ...
Kunden mit gehobenen Ansprüchen	Kunden mit geringen Ansprüchen und starkem Preisbewusstsein

... mit Skimming-Strategie	... mit Penetration-Strategie
Das Produkt wird nach der Einführung zu einem relativ hohen Preis angeboten, der schrittweise abgesenkt wird, um die Preisbereitschaft unterschiedlich zahlungskräftiger Kunden abzuschöpfen (z. B. Computer).	Ein relativ niedriger Einführungspreis soll zum Kauf anregen und einen hohen Marktanteil sichern. Dann, evtl. erst bei Nachfolgeprodukten, wird der Preis schrittweise erhöht (z. B. „Kennenlern-Preise").

Vorzüge	Vorzüge
• graduelles Abschöpfen der Preisbereitschaft der Kunden • ggf. Preisspielraum nach unten (Konkurrenz) • schnelle Amortisation der Investition durch höhere Deckungsbeiträge schon in der Einführungsphase	• Sicherung von Marktanteilen • Gewinn durch hohen Umsatz • größere Erfolgschancen • hoher Marktanteil und niedrige Preise erschweren der Konkurrenz den Markteintritt • Kostenvorteile durch große Stückzahl (Massenproduktion)

Risiken	Risiken
• größeres Risiko des Scheiterns • der Preis schreckt potenzielle Käufer ab • hohe Gewinne locken Konkurrenten schneller an	• längere Amortisationsdauer, da geringe Deckungsbeiträge • niedriger Einstandspreis senkt die Preisbereitschaft dauerhaft • Rückschluss vom Preis auf die Qualität des Produkts

Preisdurchsetzung

Nach der Festlegung eines beabsichtigten Verkaufspreises durch das Unternehmen muss dafür gesorgt werden, dass dieser Preis von den Kunden und ggf. von den eingeschalteten Absatzmittlern (sofern kein Direktvertrieb vorliegt) akzeptiert bzw. wie beabsichtigt festgelegt wird.

So muss z. B. bei einem relativ hohen Preis um Akzeptanz beim Endkunden geworben werden. Bei einem eingeschalteten Absatzmittler, z. B. dem Handel, wird diesem vom Hersteller in der Regel ein günstigerer Bezugspreis eingeräumt als der spätere Abgabepreis für den Endkunden. Auch hier kann der Hersteller bestrebt sein, dass seine Preisvorgabe für den Endkunden durch den Händler eingehalten und Produkte z. B. nicht unter dem beabsichtigten Wert veräußert werden.

Um seine Preisvorstellung zu realisieren, stehen dem Hersteller verschiedene Instrumente und Strategien zur Verfügung:

gegenüber dem Händler	gegenüber dem Kunden
• Preisbindung (z. B. Bücher)	• Preiswerbung
• Preisempfehlung	• Preispolitik (z. B. Aktionspreise)
• Selektivvertrieb (z. B. kein Discounter)	• Preisgarantien (z. B. Produkt bei der Konkurrenz billiger, Unternehmen erstattet Differenz)
• Preispflege (z. B. Prämien bei Einhaltung der Abgabepreise)	

Liefer- und Zahlungsbedingungen

Die Gestaltung der Liefer- und Zahlungsbedingungen **(Konditionen)** ist ebenfalls Teil der Preispolitik und kann einen entscheidenden Einfluss auf die Kaufbereitschaft und Kundenzufriedenheit haben.

Rabattpolitik	Zahlungs-bedingungen	Liefer-bedingungen	Kreditpolitik
• Mengenrabatt	• Zahlungs-weise	• Lieferzeit	• Lieferanten-kredit
• Treuerabatt	• Zahlungs-sicherung	• Lieferort	• Leasing
• Einführungs-rabatt	• Zahlungsziel (Fristen)	• Mindest-menge	• Factoring
• Funktionsrabatt	• Skonto	• Bezugskosten	• Franchising
		• Gewähr-leistung	

2.5 Distributionspolitik

Distributionspolitik beschäftigt sich damit, wie die Produkte vom Hersteller zum Endabnehmer gelangen. Erst die markt- und unternehmensadäquate Verfügbarkeit der Produkte ermöglicht letztendlich den Absatzerfolg. Dabei spielen folgende Fragen eine Rolle:

• **Absatzwege:** Wie sieht der Weg der Produkte vom Hersteller zum Kunden aus?

• **Absatzorgane:** Wie wird der Kontakt zum Kunden hergestellt?

• **Logistik:** Wie wird die Produktauslieferung organisiert?

Ziele der Distribution

Die Hauptziele der Distribution sind:

- **hohe Verfügbarkeit:** Ein potenzieller Käufer soll das Produkt möglichst schnell und bequem erwerben können, z. B. über das Internet und in großen Handelsketten, statt nur in wenigen Spezialgeschäften.

- **Kostenminimierung:** Die Kosten für den Vertrieb sollen so niedrig wie möglich sein, z. B. niedrige Lager-, Transportkosten durch das Just-in-time-Prinzip.

- **hohe Einflussnahme:** Der Hersteller möchte Einfluss auf die Vermarktung seiner Produkte haben, z. B. auf Verkaufspreis, Positionierung im Regal oder auf das Konkurrenzangebot im jeweiligen Geschäft.

Absatzwege

Der Absatz- oder Distributionsweg ist der Weg eines Produkts vom Hersteller zum Endkunden. Es gibt zwei Varianten:

Entscheidet sich ein Hersteller dafür, den Vertrieb seiner Produkte an den Endabnehmer selbst zu übernehmen, spricht man von einer **direkten Distribution**. Der Aufbau und Erhalt eines eigenen Vertriebssystems ist meist recht teuer. Ein direkter Absatz ist nur dann vorteilhaft, wenn die zusätzlich anfallenden Vertriebskosten kleiner sind als die durch den direkten Kontakt mit den Endabnehmern eingesparten Handelsspannen (= Gewinne des Handels). Ein direkter Vertrieb durch den Hersteller bietet sich an bei Produkten

- mit nur einem oder wenigen Abnehmern (z. B. Unikate),
- deren Erstellung an einen Standort gebunden ist (z. B. Bauvorhaben),
- die infolge hoher Komplexität eine Einweisung des Kunden erfordern (z. B. Individualsoftware),
- für die der Hersteller ohnehin Serviceleistungen vor Ort erbringen muss (z. B. Wartung, Bestückung),
- die sehr transportempfindlich sind (z. B. Präzisionsinstrumente),
- die einen hohen Verkaufspreis haben, sodass sich eine Lagerhaltung nicht lohnt (z. B. Motoryachten).

Bei der **indirekten Distribution** bietet der Hersteller das Produkt über einen oder mehrere rechtlich selbstständige Absatzmittler an. Je nach Anzahl der zwischengeschalteten Absatzmittler unterscheidet man:

- Einstufenkanal (meistens handelt es sich hierbei um Einzelhändler)
- Zweistufenkanal (Groß- und Einzelhandel sind als Absatzmittler tätig)
- Mehrstufenkanal (mehrere Absatzmittler, z. B. Handel und Vertreter)

Absatzorgane

Absatzorgane sind alle Personen oder Institutionen, die einem Unternehmen helfen, die produzierten Produkte zum Endabnehmer gelangen zu lassen. Dabei unterscheidet man zwischen

- **betriebseigenen** Absatzorganen, die dem Unternehmen angehören, z. B. Werks-, Online-Verkauf, eigene Läden, Handlungsreisende,
- **Absatzhelfern**, die Aufträge gegen eine Provision vermitteln, aber kein Eigentum an der Ware erwerben, z. B. Handelsvertreter, Makler,
- **betriebsgebundenen** Absatzorganen, die rechtlich selbstständig, aber wirtschaftlich – mehr oder weniger deutlich – an den Hersteller gebunden sind, z. B. Vertragshändler, Franchisenehmer und
- **betriebsfremden** Absatzorganen, die das Eigentum an der Ware erwerben und auch das Risiko des Absatzes tragen. Der Hersteller verliert dabei aber jeglichen Einfluss auf den Verkauf der Produkte, z. B. im Groß- und Einzelhandel.

Logistik

Die Logistik plant, gestaltet und kontrolliert den Materialfluss mit den dazugehörigen Informationen und Dienstleistungen.

Sie sorgt dafür, dass die richtigen Objekte in der richtigen Menge, am richtigen Ort, zum richtigen Zeitpunkt, in der richtigen Qualität und zu den richtigen Kosten für den richtigen Kunden bereitstehen.

Die **Distributionslogistik** als Teilbereich der Logistik beschäftigt sich hauptsächlich mit der Auftragsabwicklung, der Lagerpolitik und der Transportpolitik der hergestellten Güter. Man unterscheidet:

Auftrags-abwicklung	Umfasst den kompletten Prozess vom Auftragseingang bis zur Übergabe der erstellten Leistung an den Auftraggeber – dieser soll optimiert werden.
Lagerpolitik	Kernfragen der Lagerpolitik: • Lagerhaltung oder Just-in-time-Produktion? • Eigenes oder fremdes Lager? • Zentrales oder dezentrales Lager? • Höhe des Lagerbestands?
Transportpolitik	• Wahl der Transportmittel (Lkw, Bahn, Flugzeug) • Wahl der Transportorgane (eigene Lkw-Flotte oder Beauftragung eines Logistikunternehmens)

2.6 Kommunikationspolitik

Aufgabe der Kommunikationspolitik ist es, die Konsumenten über die Qualität, den Preis und die Bezugsquellen eines Produkts zu informieren und sie zum Kauf zu bewegen. Information und gezielte Beeinflussung sollen somit die Absatzwiderstände der Konsumenten überwinden. Erfolgreiche Kommunikationspolitik ist nicht das Ergebnis eines zufälligen, kreativen Einfalls, sondern systematischer Planung. Sie durchläuft folgenden Prozess:

Festlegung der Ziele	Ausarbeitung einer Strategie	Budgetierung und konkrete Planung	Durchführung	Erfolgskontrolle

In der Kommunikationspolitik steht eine breite Palette an unterschiedlichen Instrumenten zur Verfügung:

Werbung

Der Schwerpunkt der Kommunikationspolitik liegt auf dem Gebiet der Werbung. Werbung übermittelt positive Informationen über einzelne Produkte und soll den Endverbraucher zum Kauf bewegen. Unterschiedliche **Werbemittel** sprechen dabei die verschiedenen Sinne des Umworbenen an (optisch, akustisch, geschmacklich und geruchlich). Der **Werbeträger**/die **Webeträgerart** ist dabei das Medium, in oder auf dem sich das Werbemittel befindet (z. B. TV, Radio, Zeitung, Plakatwand).

Generell unterscheidet man zwischen Streu- und Direktwerbung. **Streuwerbung** richtet sich an alle potenziellen Kunden, **Direktwerbung** spricht gezielt ausgewählte Kunden an. Voraussetzung hierfür ist allerdings, dass das Unternehmen zumindest den Namen und die Kontaktdaten des Kunden kennt.

	Streu-/Massenwerbung	Direktwerbung
Werbemittel	• Anzeigen • Werbebanner • TV-Spot • Rundfunkwerbung • Filmwerbung (Product-Placement) • Sponsoring	• Werbebrief • Katalog • E-Mail • Telefonmarketing • Werbegeschenk

Vorteile der Direktwerbung sind:

- ihre Zielgenauigkeit (Werbung wird genau auf die Bedürfnisse der Zielgruppe abgestimmt),
- die höhere Effizienz (Anzahl der Reaktionen auf eine Direktwerbung ist größer als bei einer Streuwerbung).

Verkaufsförderung

Die Verkaufsförderung (Sales Promotion) umfasst alle Maßnahmen, die den Kunden am Ort des Verkaufs zum Kauf anregen. Sie soll ihn über den Nutzen der Produkte informieren und dahingehend beeinflussen, dass er dieses Produkt gegenüber Konkurrenzprodukten vorzieht. Häufig verwendete Maßnahmen sind:

- Kostproben von Produkten im Einzelhandel (z. B. Bier, Käse),
- Produktvorführungen (z. B. Akkuschrauber im Baumarkt),
- Zugaben (z. B. Bierkrug zum Kasten Bier),
- Gewinnspiele (z. B. Verlosungen von Reisen bei Vertragsabschluss),
- Sonderpreisaktionen (z. B. saisonale Räumungsverkäufe),
- Displays (z. B. Informationsfilme in Bau- oder Drogeriemärkten),
- Merchandising (z. B. weitere Produkte um das Hauptprodukt herum),
- Schulungen beim Händler oder Hersteller.

Public Relations

Public Relations (Öffentlichkeitsarbeit) dienen der **langfristigen Vertrauensbildung** und der Schaffung einer positiven, emotionalen Grundstimmung und umfassen Maßnahmen, die das Image eines Unternehmens verbessern sollen. Gegenstand der Öffentlichkeitsarbeit ist nicht ein Produkt, sondern die Ziele, Politik und Aktivitäten eines Unternehmens; die Public Relations sind quasi **Werbung für das Unternehmen als Ganzes**.

So machen Automobilhersteller z. B. nicht nur Werbung für einzelne Modelle, sondern schalten auch Kampagnen, die für die gesamte Marke werben. Aussagen wie „die sauberste Dieselflotte weltweit", „geringster CO_2-Ausstoß aller Hersteller weltweit" und „Weltmarktführer bei sparsamen Benzin-Direkteinspritzern" sollen den Kunden vom Innovationspotenzial der Marke überzeugen, unabhängig von einem einzelnen Produkt. Auch ein in der Werbung kommunizierter Leitspruch versucht, einer Marke ein bestimmtes Image zu verleihen, das dann auf alle Fahrzeuge dieses Herstellers abfärbt (z. B. besonders sportliche Fahrzeuge, klassisch elegante Limousinen, spritzig und frech).

Die Gesellschaft erwartet von einem Unternehmen heutzutage nicht nur die Herstellung von Produkten, sondern z. B. auch eine umweltschonende Produktion, sichere Arbeitsplätze und soziales Engagement. Die Public Relations richten sich daher neben den Kunden z. B. auch an die Mitarbeiter, Kapitalgeber, Aktionäre, Lieferanten und an die Medien.

Da Public Relations-Aktivitäten das Ansehen einer hohen Glaubwürdigkeit genießen, sind sie für Unternehmen ein interessantes Kommunikationsmittel. So erscheinen dem Leser z. B. Informationen über das Unternehmen, die in Nachrichtenform oder als Presseberichte herausgegeben werden(z. B. Testergebnisse von Stiftung Warentest), glaubwürdiger als Werbeanzeigen.

Persönlicher Verkauf/Direktmarketing

Trotz Selbstbedienung, Versandhandel und Onlineshopping hat der persönliche Verkauf in der Wirtschaft immer noch eine **zentrale Bedeutung**. Dies gilt vor allem beim Angebot erklärungs- und beratungsbedürftiger Produkte (z. B. Verkauf von Elektrogeräten durch Vertreter).

Im Gegensatz zur allgemeinen Werbung kann der Verkäufer hierbei auf die **individuellen Bedürfnisse des Kunden** eingehen und ihm die für ihn relevanten Informationen liefern. Durch den persönlichen Kontakt entstehen auch eine besondere Vertrauensatmosphäre und eine Bindung zwischen Käufer und Verkäufer. Dies erleichtert es letzterem, mithilfe einer geschickten Gesprächsführung den Kunden vom Produktnutzen zu überzeugen.

Nachteilig sind allerdings die hohen Kosten, die der persönliche Verkauf verursacht. Durch vermehrte Schulungen versuchen Unternehmen deshalb, die Effizienz ihrer Verkäufer noch zu steigern.

Corporate Identity

Damit die Kommunikationspolitik auch ihr Ziel erreicht, ist es wichtig, dass sie mit den langfristigen Unternehmenszielen und der -philosophie in Einklang steht und dass alle Maßnahmen eine sinnvolle Einheit ergeben. Im Rahmen der Corporate Identity-Politik wird ein **ein-heitliches Unternehmensbild** angestrebt. Durch ein klares und eigenständiges Unternehmensbild kann sich das Unternehmen deutlich von der Konkurrenz abgrenzen und sich im Wettbewerb profilieren. Aber auch innerhalb des Unternehmens verhilft ein positives Bild zu Vorteilen. Durch die Schaffung eines „Wir-Gefühls" kann die Leistung der Mitarbeiter gesteigert werden.

3 Einflussfaktoren auf eine effiziente Marketing-Strategie

Im Rahmen seiner Marketing-Bemühungen hat jedes Unternehmen zu entscheiden, ob und welche Produkte besonders gefördert werden sollen, auf welchen Märkten man agieren und in welchem Umfang man Marketinginstrumente einsetzen möchte.

Die Wahl der geeigneten Strategie und Instrumente hängt insbesondere vom „**Lebensalter**" der Produkte (Konzept des Produktlebenszyklus), vom bereits erzielten **Marktanteil** und von den künftigen **Wachstumsaussichten** (Marktanteils-Marktwachstums-Portfolio) ab.

So kann eine absatzpolitische Maßnahme bei einem neu auf den Markt gebrachten Produkt genau das Gegenteil dessen bewirken, was sie bei einem bereits lange etablierten Produkt erzielen würde (z. B. könnte die zu rasche Modifikation eines neuen Produkts als Qualitätsmangel ausgelegt werden, bei einem etablierten Produkt aber eine sinnvolle „Verjüngung" darstellen).

3.1 Der Produktlebenszyklus

Für einen nachhaltigen Erfolg ist es wichtig, dass der jeweilige Marketing-Mix für ein Produkt entsprechend der jeweiligen Phase im Produktlebenszyklus gewählt wird. Dieser stellt den Lebensweg eines Produkts gemessen an Umsatz oder Gewinn zwischen der Einführung am Markt und dem Ausscheiden dar. Man teilt ihn in mehrere Phasen ein.

Einführungsphase: Das Produkt ist kaum bekannt und wird nur zögernd von einigen Verbrauchern gekauft. Um das Produkt auf dem Markt zu etablieren, ist eine umfangreiche Werbung und Verkaufsförderung nötig. Aufgrund des nur langsam steigenden Umsatzes und der hohen Kosten erzielt man in dieser Phase kaum Gewinne.

Wachstumsphase: In der Wachstumsphase wird das Produkt verstärkt nachgefragt. Imitatoren- und erste Ersatzkäufe sorgen für wachsenden Absatz. Ein hohes Umsatzwachstum und das Erreichen der Gewinnschwelle kennzeichnen diese Phase.

Reifephase: Das Produkt ist zur Selbstverständlichkeit geworden und wird stark nachgefragt. Allerdings bietet mittlerweile auch die Konkurrenz ähnliche Produkte an. Preissenkungen sind die Folge.

Sättigungsphase: Die Umsätze beginnen zu stagnieren, das absolute Umsatzmaximum ist erreicht. Ein verstärkter Preiswettbewerb führt zu sinkenden Gewinnen. Die Unternehmen versuchen deshalb, sich durch Produktdifferenzierungen oder einen besonderen Service von der Konkurrenz abzuheben.

Degenerationsphase: Der Umsatz des Produkts geht stark zurück. Ein Grund für den Absatzrückgang kann z. B. sein, dass mittlerweile bessere und/oder billigere Produkte auf den Markt gekommen sind, die das gleiche Bedürfnis befriedigen. Das Unternehmen muss sich nun entscheiden, ob es das Produkt vom Markt nimmt oder es überarbeitet. Durch eine erneute Überarbeitung (z. B. Änderung des Designs) kann man u. U. das ursprüngliche Umsatzmaximum wieder erreichen (Relaunch des Produkts).

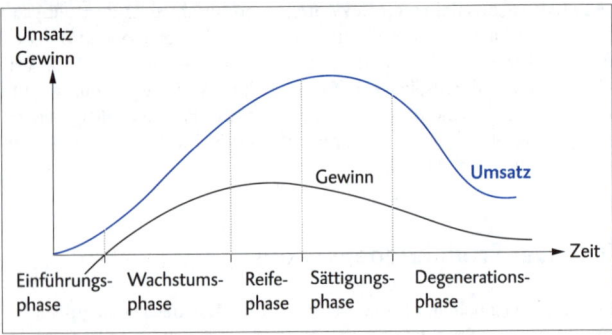

3.2 Marktanteils-Marktwachstums-Portfolio

Für den langfristigen wirtschaftlichen Erfolg eines Unternehmens ist die Planung einer **ausgewogenen Produktpalette** von großer Bedeutung. Strategische Planungshilfe bietet hier das **Portfolio-Modell** der Boston Consulting Group. Dabei wird unterstellt, dass die Produkte in ihren verschiedenen Lebensphasen auch die unterschiedlichen Positionen des Produkt-Portfolios einnehmen. Folgende Positionen werden unterschieden:

- **Questionmarks:** Produkte mit (noch) hohem Finanzierungsbedarf. Können sie sich nicht durchsetzen, müssen sie schnell wieder vom Markt genommen werden.
- **Stars:** Diese Produkte stellen den Wachstumsbereich eines Unternehmens dar. Die erzielten Überschüsse (und evtl. noch etwas mehr) müssen in ihr Wachstum reinvestiert werden.

- **Cash Cows:** Besonders erfolgreiche Produkte – alternde Stars mit hohem Marktanteil auf stabilen, jedoch nur noch gering wachsenden Märkten. Sie bilden die tragenden Säulen des Unternehmens und finanzieren Questionmarks und Stars.

- **Poor Dogs:** Bringen kaum bis gar keinen Cashflow oder Deckungs-beiträge, es ist zu überlegen, sie vom Markt zu nehmen.

Idealtypisch entwickeln sich die neu auf den Markt gekommenen Questionmarks bald zu Stars. Im weiteren Verlauf ihres Lebenszyklus bilden sie als Cash Cows die tragenden Säulen des Unternehmens, be-vor sie als verlustbringende Poor Dogs schließlich eliminiert werden müssen.

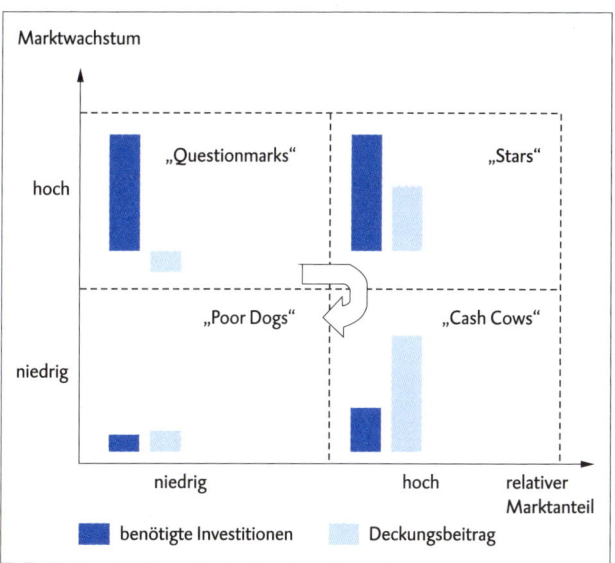

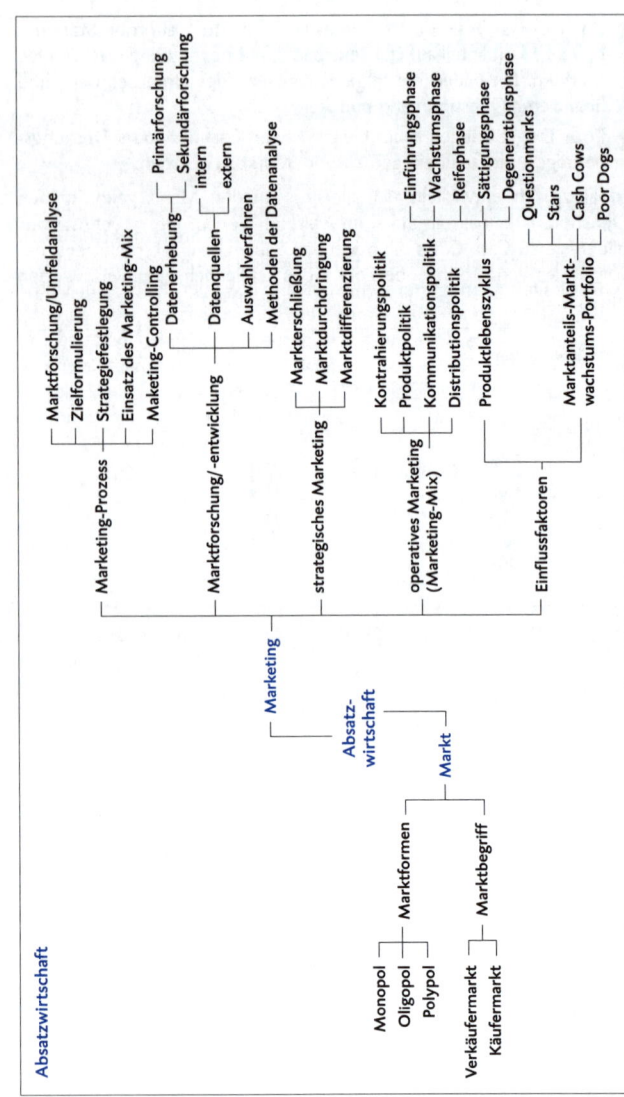

Unternehmensführung und Management

Unter **Unternehmensführung** versteht man die Steuerung eines Unternehmens bzw. die Lehre von der Gestaltung, Steuerung und Überwachung eines Unternehmens. Ein Teilbereich ist die Personalführung.

Der Begriff **Management** entspricht in etwa der deutschen „Unternehmensleitung". In organisatorischer Hinsicht versteht man darunter die Führungskräfte, die formale Leitungspositionen innehaben und „unternehmerische" Funktionen im Betrieb ausüben. In funktionaler Hinsicht geht es um Leitungsaufgaben, wie die Bestimmung der Ziele, der Struktur und der Handlungsebenen des Unternehmens, sowie um die zu deren Verwirklichung notwendigen Aufgaben, die nicht ausführender Art sind. Die **Hauptaufgaben** der Führung sind:

- **Zielsetzung:** Vorgabe von Zielen, z. B. Liquidität (vgl. S. 3 ff.).
- **Planung:** Der Planende versucht, künftiges wirtschaftliches Handeln vorauszusehen. Er baut auf den Zielvorgaben auf und entwickelt Teilpläne wie Beschaffungs-, Fertigungs- oder Absatzpläne. Dabei sollen die Abläufe möglichst reibungslos und rational gestaltet sein.
- **Organisation:** Unterstützt den Prozess der Zielverwirklichung. Organisatorische Regeln erstrecken sich auf Aufbau und Ablauf (vgl. S. 18 ff.).
- **Koordination:** Wechselseitige Abstimmung der im Betrieb auftretenden Aufgaben und Abläufe mit den Unternehmenszielen.
- **Kontrolle:** z. B. Qualitäts- und Terminkontrollen

Im Hinblick auf die Mitarbeiter kommt dem Management die Aufgabe zu, diese im Betrieb zu führen. Unter **Führung** versteht man dabei die zielgerichtete Verhaltensbeeinflussung der Mitarbeiter.

Mitarbeiter sind die bedeutendste Ressource des Unternehmens. Ihre Qualifikation, Kompetenz und Motivation werden damit zu erfolgskritischen Faktoren. Zufriedene, motivierte, engagierte und freundliche Mitarbeiter erzeugen einen deutlichen Wettbewerbsvorteil. Eine alleinige Ausrichtung des Unternehmens auf die Interessen der Kunden würde daher langfristig zu kurz greifen. Ziel einer erfolgreichen Unternehmensführung muss es daher sein, die Wünsche und Motive sowohl von Kunden als auch von Mitarbeitern zu kennen, diese gezielt zu fördern und zu befriedigen.

Unter **Führungsstil** versteht man die Art und Weise, in der ein Vorgesetzter die Mitarbeiter führt. Der Führungsstil wird wesentlich von der Interaktion mit den geführten Personen geprägt, während die **Führungskompetenz** die Fähigkeiten der führenden Person beschreibt, andere zu führen. Führungsstile sind abhängig vom Zeitgeist und persönlichen Anschauungen der am Führungsvorgang Beteiligten:

autoritär	kooperativ	bürokratisch
• Unternehmensführung trifft alle Entscheidungen	• Delegation von Entscheidungsbefugnis auf betriebliche Stellen	• die Entscheidungsfindung läuft in einem System von Vorschriften ab
• hierarchisch, klare Anweisungs- und Kontrollbefugnisse	• Mitentscheidung und -bewertung der Mitarbeiter	• der Verfahrensweg ist streng einzuhalten
• kein Entscheidungsspielraum für Untergebene, rein ausführend	• aber: Führungsspitze als Entscheidungszentrale, klare Zuständigkeiten	

Die **Führungstechniken (Managementsysteme)** geben die Art und Weise vor, wie man führt. Man unterscheidet:

Management by Exception = Führen nach dem Ausnahmeprinzip	Jede Führungskraft hat einen eigenen Aufgabenbereich und entscheidet dort eigenverantwortlich. Die Geschäftsführung greift nur ein, wenn es zu Abweichungen von vorgegebenen Zielen kommt.
Management by Delegation = Führen durch Delegation von Aufgaben	Mitarbeiter der mittleren/unteren Führungsebene erhalten Entscheidungsaufgaben. Der Vorgesetzte greift nur ein, um ernsthafte Schäden abzuwenden. Dient der Entlastung der Führungsspitze.
Management by Objectives = Führen durch Zielvereinbarung	Der Vorgesetzte handelt mit dem Mitarbeiter Teilziele aus, die innerhalb eines bestimmten Zeitraums zu erreichen sind. Das Ergebnis, der Grad der Zielerreichung, wird kontrolliert und ist häufig die Grundlage für Gehaltszahlungen und Beförderungen.
Management by Motivation = Führen durch Motivation	Materielle Anreize sind nur begrenzt wirksam, daher wird versucht, durch die Beteiligung an Entscheidungen, die Erweiterung des Entscheidungsspielraums oder die Chance auf Selbstverwirklichung eine nachhaltige Motivation bei Führungskräften zu erzielen.

1 Unternehmensleitbild

Unternehmensleitbilder beinhalten Aussagen zu Unternehmensaufgaben und -zielen sowie über das Führungskonzept des Betriebs und geben Leitlinien für das Verhalten der Mitarbeiter nach innen und außen vor. Das Leitbild soll dazu beitragen, das Image des Betriebs positiv zu beeinflussen. Idealerweise entsteht das Leitbild unter Beteiligung der Mitarbeiter und sollte möglichst langfristig gelten, um nach innen Kontinuität zu sichern und diese nach außen darzustellen. Unternehmensleitbilder sind umstritten. Die häufigsten Vorwürfe sind, dass es sich nur um leere Formulierungen oder Selbstverständlichkeiten handelt, bzw. um utopisches Wunschdenken. Außerdem wird kritisiert, dass es durch die Uniformierung von Verhalten zu einem Verlust von Kreativität kommt. Folgende **Anforderungen** werden an das Unternehmensleitbild gestellt:

inhaltlich	formal
• allgemeingültig • langfristiger Bestand • wahr und klar • realisierbar und überprüfbar	• möglichst allgemeingültig und umfassend formuliert • Orientierungshilfe für die Mitarbeiter • knapp und prägnant

Dabei soll ein Leitbild folgende Funktionen erfüllen:
- **Orientierungsfunktion**, z. B. Werte, Normen, Regelungen
- **Integrationsfunktion**, z. B. Wir-Gefühl, Corporate Identity
- **Entscheidungsfunktion**, z. B. Regeln für das Krisenmanagement
- **Koordinierungsfunktion**, z. B. Mitarbeiter, Öffentlichkeit

Ein Leitbild enthält damit alle relevanten Aussagen zur angestrebten Kultur (Umgang, Auftreten, Benehmen) in einem Unternehmen. Es stellt die Verbindung von gewachsenem Selbstverständnis, der Unternehmensphilosophie (Gesellschafts- und Menschenbild, Normen und Werte) und der beabsichtigten Entwicklung, den Unternehmenszielen, dar. Die wichtigsten **Inhalte des Unternehmensleitbildes** lassen sich wie folgt zusammenfassen:

- **Oberste Unternehmensziele:** Im Leitbild werden die obersten Unternehmensziele festgehalten und somit für Mitarbeiter und externe Personen publik gemacht. Nach außen werden dabei meist ethisch-soziale und nicht monetäre Ziele betont, nach innen auch monetäre Aspekte wie z. B. Rentabilität, Gewinnsteigerung oder hoher Marktanteil (vgl. S. 3 ff.). Für die Mitarbeiter können diese Ziele z. B. in Form einer Balanced Scorecard (vgl. S. 6) operationalisiert werden.

- **Unternehmenszweck/-funktion:** Darunter versteht man die Produkte und Dienstleistungen, die ein Unternehmen bereits anbietet oder beabsichtigt, künftig anzubieten; eventuell auch besondere Eigenschaften, mit denen man sich von der Konkurrenz absetzen möchte (unique selling position). Bei global agierenden Betrieben werden meist Aussagen zu den Absatzmärkten und -segmenten getätigt, auf denen man agiert oder beabsichtigt, aktiv zu werden. Dieser Bereich dient dazu, das Unternehmen, seine Produkte und Aktivitäten vorzustellen.

- **Verhaltensgrundsätze:** In den meisten Unternehmensleitbildern werden Grundsätze für das Verhalten der Führungskräfte und der einfachen Mitarbeiter gegenüber verschiedenen Anspruchsgruppen formuliert. Dazu zählen nicht nur Kunden und die Öffentlichkeit, sondern auch das Auftreten und Verhalten gegenüber den Kapitalgebern, den Lieferanten und der Konkurrenz sowie das der Mitarbeiter untereinander. Gerade im asiatischen Raum werden meist sehr plakative und damit eingängige Formulierungen gewählt (z. B. LG: „Sieg oder Tod").

- **Leitungskonzepte:** Als Leitungskonzepte werden die verschiedenen Führungstechniken (Management by ... -Prinzipien) bezeichnet, die regeln, wie die Mitarbeiter im Unternehmen geführt werden sollen (vgl. S. 106).

Mittlerweile veröffentlichen viele Unternehmen auch ihr Leitbild oder machen zumindest Teile davon publik, um im Rahmen der Public Relations auch gegenüber ihren Kunden einen entsprechenden Werbeeffekt für sich zu erzielen. Gerade ökologische und soziale Grundsätze sowie Kodizes im Leitbild bieten sich hierfür an.

So verweisen z. B. namhafte Textilhandelsketten darauf, dass ihre Waren nicht in Kinderarbeit gefertigt werden und sie die sozialen Standards der International Labour Union erfüllen. Gleiches gilt für die Vermeidung giftiger Substanzen und die Reduktion des Wasserverbrauchs beim Färben der Stoffe sowie für den Einsatz von Pestiziden beim Anpflanzen der Baumwolle.

2 Corporate Identity

Corporate Identity (auch **Unternehmensidentität**) ist der abgestimmte Einsatz von Verhalten (Corporate Behaviour), Kommunikation (Corporate Communication) und Erscheinungsbild (Corporate Design) eines Unternehmens nach innen und außen und somit das Selbstverständnis des Betriebs. Basis dafür ist das Unternehmensleitbild, welches durch die Corporate Identity mit Leben gefüllt wird.

- **Corporate Design:** Trägt zum einheitlichen, unverwechselbaren Unternehmensbild bei und bezieht sich u. a. auf die Gestaltung von Logo, Katalogen, Werbeanzeigen und Messeständen. Daneben kann aber auch ein einheitliches Produktdesign einen Betrieb unverwechselbar machen (z. B. „Runde Augen" als Form der Autoscheinwerfer bei der Porsche AG).
- **Corporate Communication:** Jegliche Kommunikation, z. B. Pressekonferenz, Websitegestaltung oder Werbeanzeige, soll den Unternehmenszielen entsprechen und ein geschlossenes Ganzes ergeben.
- **Corporate Behaviour:** Die Mitarbeiter sollen untereinander und nach außen in ihrem Auftreten und Verhalten das Unternehmen und seinen unverwechselbaren Stil repräsentieren. Denn es ist z. B. nicht zielführend, wenn die Werbung verspricht, dass Kundenservice im Unternehmen an erster Stelle steht, die Kunden aber mit unfreundlichen Mitarbeitern konfrontiert werden.

Auf Basis des Unternehmensleitbilds wird versucht, durch ein abgestimmtes Verhalten der Mitarbeiter, eine einheitliche Kommunikation und ein einheitliches Erscheinungsbild dem Unternehmen eine „Identität", eine „Persönlichkeit" **(Corporate Identity)** zu verleihen. Dies gilt sowohl nach außen als auch innerhalb des Betriebs. Ziel ist es, dass alle Teile des Unternehmens wie ein Akteur handeln und auch so wahrgenommen werden.

Daneben soll sowohl der Betrieb an sich (Außenwahrnehmung) als auch die Arbeit im Unternehmen selbst (Innenwahrnehmung) als möglichst angenehm empfunden werden. Der davon erhoffte Vertrauens- und Sympathiebonus soll auf die verschiedenen Produkte und Bereiche des Betriebs übergreifen und so dazu beitragen, die Bekanntheit und Akzeptanz der Produkte, aber auch des Unternehmens als Ganzes zu erhöhen (vgl. Public Relations, S. 99 f.).

Die Corporate Identity ist also die „Persönlichkeit" einer Organisation, die als einheitlicher Akteur handelt und wahrgenommen wird.

Es gilt, mit der Identitätsfindung als Unternehmenspersönlichkeit Vertrauen und Glaubwürdigkeit gegenüber den Kunden, Mitarbeitern und Geschäftspartnern zu schaffen und dauerhaft zu erhalten.

Dem Selbstbild des Unternehmens steht das Fremdbild (auch **Corporate Image**) gegenüber, das sich z. B. Kunden, Mitarbeiter, Lieferanten oder die Öffentlichkeit von dem Betrieb gemacht haben.

In der Praxis weichen Selbst- und Fremdbild häufig voneinander ab, z. B. wenn das Firmendesign ein kreatives Unternehmen präsentiert, in der Realität aber überbordende Bürokratie und ein zu autoritärer Führungsstil die Eigeninitiative der Mitarbeiter verhindern.

3 Motivationstheorien

Der Erfolg eines Unternehmens steht und fällt mit dem Engagement seiner Mitarbeiter. Nur zufriedene und motivierte Mitarbeiter erbringen überdurchschnittliche Arbeitsleistungen und tragen so zum dauerhaften Erfolg ihres Betriebs bei. Zahlreiche Theorien zur **Arbeitsmotivation** versuchen zu ergründen, wovon die Leistungsbereitschaft eines Menschen abhängt. Im Wesentlichen versuchen alle Theorien, zwei zentrale Fragen zu beantworten:

- Was veranlasst einen Mitarbeiter, Arbeitsleistung im Rahmen der betrieblichen Leistungserstellung zu erbringen (Inhaltstheorien), und

- wie kann man einen Mitarbeiter dazu veranlassen, (mehr) Leistung zu erbringen (Prozesstheorien)?

Wer darauf eine Antwort geben kann, hält den Schlüssel zu einer dauerhaften Leistungssteigerung der eigenen Mitarbeiter in der Hand.

Es existieren zwei Ansätze zur Erklärung von Arbeitsmotivation:

- **Extrinsische Motivation:** Nicht die Tätigkeit selbst, sondern nur ihre Folgen oder Begleitumstände erzeugen Leistungsbereitschaft, z. B. finanzielle Anreize in Form von Prämien und Boni, Befriedigung eines Geltungsbedürfnisses des Einzelnen durch Anerkennung.

- **Intrinsische Motivation:** Hier erzeugt die Arbeit selbst die Motivation des Mitarbeiters. Intrinsische Motivationsfaktoren sind z. B. das Bedürfnis nach Leistungserbringung oder Selbstverwirklichung.

Die intrinsische Arbeitsmotivation ist vorzuziehen, da sie enger mit den individuellen Zielen verbunden und resistenter gegenüber wechselnden Umweltbedingungen und Anreizsystemen (z. B. Wegfall der Prämien und Anreize) ist.

3.1 Bedürfnishierarchie (nach Maslow)

Jeder Mensch verspürt Bedürfnisse. Der US-amerikanische Psychologe Abraham Maslow teilt die menschlichen Bedürfnisse in verschiedene Bedürfnisarten ein, die in einer hierarchischen Rangordnung zueinander stehen. Die Basis bilden **physiologische Bedürfnisse**, wie z. B. Nahrung und Kleidung, die befriedigt sein müssen, ehe man höhere Bedürfnisse, wie z. B. soziale Bedürfnisse oder den Wunsch nach Selbstverwirklichung, befriedigen kann.

Der Einzelne empfindet das Bedürfnis am dringendsten, das über dem jeweils zuletzt befriedigten steht. Dieses Bedürfnis ist dann das bestimmende Handlungs- und Arbeitsmotiv.

An der Spitze der Bedürfnishierarchie steht der Wunsch nach Selbstverwirklichung. Er unterscheidet sich wesentlich von den unteren Stufen der Bedürfnisbefriedigung, da er nie gesättigt werden kann. Die handlungsmotivierende Wirkung der Bedürfnisse dieser Stufe wirkt unbegrenzt. Solche Bedürfnisse nennt man **Wachstumsbedürfnisse**, im Unterschied zu den anderen, den **Defizitbedürfnissen**.

3.2 Zwei-Faktoren-Theorie

Kerngedanke der Zwei-Faktoren-Theorie nach Frederick Herzberg ist, dass ein nicht unzufriedener Mensch noch lange nicht zufrieden ist. Für Zufriedenheit sorgen **Satisfaktoren/Motivatoren**, Unzufriedenheit entsteht durch **Hygienefaktoren/Dissatisfaktoren**. Entsprechend sollten Führungskräfte Satisfaktoren (z. B. Lob, Anerkennung) fördern und Dissatisfaktoren (z. B. schlechtes Betriebsklima, Druck) abbauen.

Kritisiert wird an der Theorie, dass Zufriedenheit und Unzufriedenheit keine einheitlich messbaren Begriffe sind. Auch kann der gleiche Faktor auf zwei Menschen ganz unterschiedlich wirken. So empfindet ein Mitarbeiter ein Großraumbüro als störend und ablenkend bei der Arbeit, ein anderer dagegen schätzt die soziale Interaktion.

4 Managementmodelle

Der Führungsstil, das Management und die betrieblichen Organisationsstrukturen haben sich im Zeitverlauf verändert. Ursache dafür ist eine Veränderung bzw. Weiterentwicklung des Mitarbeiterbildes.

4.1 Scientific Management

Auf Frederick Taylor beruht das Prinzip der Arbeitsteilung und Spezialisierung zur Steigerung der Produktivität. Durch Einsatz von Fließbändern und Zahlung von Akkordlöhnen lässt sich der Output maximieren – eine Erkenntnis, die durch das „Model T" von Henry Ford Anfang des 20. Jahrhunderts bestätigt wurde. Damit dies erfolgreich gelingt, sind sorgfältige Planung, Organisation und Kontrolle der Arbeit nötig. Dies sind nach Taylor die zentralen Führungsaufgaben des mittleren Managements.

In Taylors Ansatz wird der Mitarbeiter zum **Objekt**, das ähnlich einer Maschine seine Aufgaben zu erfüllen hat. Mittels materieller Anreize soll der Mitarbeiter motiviert werden. Soziale Faktoren spielen in Taylors Ansatz keine Rolle. Der Sinngehalt der Arbeit reduziert sich auf das Geldverdienen, die Arbeit wird zum bloßen Job.

In der Praxis hat sich gezeigt, dass das Taylorsche System zu stark **monotonen** Tätigkeiten und damit auch zu vermehrtem Ausschuss führt.

Dem Ansatz muss man aber zugutehalten, dass die Massenproduktion sinkende Preise und damit vermehrte Konsummöglichkeiten breiter Bevölkerungsschichten ermöglicht hat. Ebenso wurden im Zuge der negativen Folgen der extremen Arbeitsteilung Maßnahmen zur Vermeidung von Unfall- und Gesundheitsgefahren (z. B. ergonomische Arbeitsplätze) geschaffen.

4.2 Human-Relations-Bewegung

Die Erfahrungen aus dem Taylorismus führten in den 1930er-Jahren zu einer Gegenbewegung, die den Menschen und seine **sozialen Beziehungen** in den Mittelpunkt der Betrachtungen stellte.

Die Human-Relations-Bewegung folgt der Idee, dass ein Unternehmen, eine Abteilung, ein Team usw. soziale Gruppen sind, die interagieren, und dass die Leistung eines Mitarbeiters wesentlich von diesen sozialen Beziehungen abhängt. So können Gruppendruck, soziale Normen oder das Zugehörigkeitsgefühl zu einer Gruppe maßgeblichen Einfluss auf die Arbeitsleistung der Mitarbeiter haben.

Nach der Devise „nur ein zufriedener Arbeiter ist auch ein leistungsfähiger Arbeiter" versucht die Human-Relations-Bewegung die zwischenmenschlichen Beziehungen am Arbeitsplatz so zu gestalten, dass die **sozialen Bedürfnisse** der Mitarbeiter so weit wie möglich befriedigt werden. Wenn z. B. ein guter Zusammenhalt in einer Abteilung existiert oder eine hohe Loyalität gegenüber dem Unternehmen besteht, dann sind die Mitarbeiter auch bereit, zusätzliche Belastungen zu ertragen oder ihren Arbeitseinsatz zu steigern. Dies erhöht die ökonomische Effizienz.

4.3 Human Ressources-Ansatz

Mitte des 20. Jahrhunderts wurde erkannt, dass die damals meist streng hierarchischen Organisationsstrukturen den Bedürfnissen der Menschen, aber auch den ökonomischen Zielsetzungen der Betriebe im Wege standen.

Nach Maslow hat die Möglichkeit der Selbstverwirklichung die größte motivatorische Wirkung auf die menschliche Arbeitsleistung (vgl. S. 111). Beispiele, die diese Sicht bestätigen, sind Unternehmensgründer und Selbstständige, die oft das Doppelte der gesetzlichen Wochenarbeitszeit leisten und dennoch zufrieden sind.

Durch die Mitte des 20. Jahrhunderts gebräuchlichen Organisationsstrukturen und die Trennung von ausführenden und planerisch-kreativen Tätigkeiten wurde also menschliches Potenzial verschenkt.

Ein Betrieb muss seinen Mitarbeitern die Chance auf Entfaltung bieten, dann wird auch der Output entsprechend sein. Mittel dafür sind das Einräumen von Entscheidungsspielräumen für den Einzelnen, das Bieten von Möglichkeiten zur Selbstverwirklichung (z. B. über Fortbildungsangebote) sowie umfassende und transparente Gestaltung der wechselseitigen Information.

Sehr gute Erfahrungen haben viele Unternehmen mit der Einrichtung eines innerbetrieblichen Vorschlags-/Verbesserungswesens gemacht. Dabei sind die Mitarbeiter gehalten, in ihrem Teilbereich oder auch übergreifend Verbesserungsvorschläge bei der Geschäftsleitung einzureichen, um den Arbeitsprozess effizienter, sicherer oder humaner zu gestalten. Durch die langjährige tägliche Arbeit „vor Ort" haben die einfachen Mitarbeiter häufig einen differenzierteren Blick auf ihren Tätigkeitsbereich, als ihn ein „entrückter Planer" in der Führungsebene hat. Nach dem Prinzip der kleinen Schritte kann so der einzelne Mitarbeiter einen Beitrag zum Unternehmenserfolg leisten. Häufig werden diese Vorschläge auch mit Prämien honoriert.

5   Change Management

Der Umgang mit Veränderungen stellt einen Betrieb unter Umständen vor große Herausforderungen. Viele Menschen sehen in Veränderungen eine Bedrohung und versuchen sich ihnen zu entziehen oder zu widersetzen. Größere organisatorische Veränderungen scheitern in der Praxis häufig am Widerstand der eigenen Mitarbeiter. Im Rahmen des Change Management **(Management von Veränderungen)** beschäftigt man sich mit der Frage, wie man Veränderungsprozesse in einem Unternehmen sinnvoll plant und umsetzt. Dabei steht der Mensch im Mittelpunkt aller Betrachtungen. Ziel ist es, die Veränderungen kontrolliert und mit möglichst wenig Reibungsverlusten durchzuführen.

| Analyse des Problems/ der geplanten Veränderung | Planung (Ziele setzen, Konzept entwickeln) | Umsetzung der Veränderungen | Erfolgskontrolle |

Gerade bei tiefgreifenden Veränderungen der Strukturen und Prozesse ist es wichtig, die Mitarbeiter „dort abzuholen, wo sie stehen", sie bereits in die Planungen mit einzubinden und sie so fähig und bereit dazu zu machen, die Veränderungen mitzutragen und umzusetzen.

Der Widerstand der Mitarbeiter gegen Veränderungen kann vielfältige **Ursachen** haben:

- fehlendes Problemverständnis der Mitarbeiter,
- mangelhafte Kommunikation bzw. unzureichende Information der Mitarbeiter über die geplanten Veränderungen,
- fehlendes Vertrauen in das Management,
- Mitarbeiter werden nicht aktiv am Wandel beteiligt,
- Mitarbeiter fürchten zusätzliche Arbeit im Rahmen und infolge der Veränderungen,
- Mitarbeiter haben Angst vor persönlicher Dequalifizierung (z. B. Verlust von Einkommen),
- es bestehen Zielkonflikte zwischen den neuen Unternehmenszielen und den Zielen der Mitarbeiter).

Um Widerstand gegen Veränderungen zu verhindern, versucht man, die Mitarbeiter

- offen über Ursachen und Ziele der Veränderungen zu informieren,
- zu motivieren, sich an den Veränderungen zu beteiligen,
- durch Weiterbildung zu qualifizieren,
- zu unterstützen, wenn Veränderungen für sie negative Folgen haben.

Abhängig von Umfang und Intensität der Veränderungen unterscheidet man zwischen **revolutionärem und evolutionärem Wandel:**

	revolutionärer Wandel	**evolutionärer Wandel**
Grundidee	Grundlegende Veränderungen kann man nur bei hohem Problemdruck durchsetzen.	Nicht zu viel Wandel auf einmal. Mitarbeiter akzeptieren nur schrittweise Veränderungen.
Ziele	Effizienz	Effizienz und Humanität
Charakteristik des Wandels	• fundamentaler und radikaler Wandel • begrenzte Zeitdauer	• Entwicklung in kleinen Schritten • kontinuierlicher Prozess
Rolle des Managements	• rationaler Planer • autoritärer Macher	• Prozessmoderator • Coach
Rolle der Mitarbeiter	„Manövriermasse"	„Mitgestalter"

Zwischen beiden Ansätzen gibt es in der Realität eine Bandbreite von Veränderungskonzepten:

	Reorganisation	Business Prozess Reengineering	Organisationsentwicklung	Lernende Organisation
Wandlungsverständnis	punktuelle Ausbesserung von Schwachstellen	umfassender, revolutionärer Wandel	ganzheitlicher, evolutionärer Wandel	
			Wandel als Ausnahme	Wandel als Normalfall
Umfang	partiell	die ganze Organisation umfassend		
Ziel	Verbesserung der Effizienz/ Effektivität eines Bereichs/ Prozesses	Verbesserung um Größenordnungen ("Potenzierung")	Verbindung von Effizienz und Humanisierung	Leistungssteigerung durch Vergrößerung des Lern- und Wissenspotenzials
Kritik	enger Wirkungsgrad, nur Teilbereiche	zu radikal, heftige Widerstände	unsystematisch und ineffizient	idealistisch, schwer zu vermitteln

5.1 Ursachen von Veränderungsprozessen

Auslöser für Veränderungen können betriebsinterne und -externe Ursachen sein. Sie bereiten vor allem dann Probleme, wenn sie überraschend auftreten oder ergriffen werden und hinsichtlich ihrer Wirkungen tiefgreifend/umwälzend sind.

Innovationsprozesse

Der **technische Fortschritt** führt zu einer kontinuierlichen Steigerung der Produktivität der Mitarbeiter. Im Zuge von Rationalisierungsinvestitionen werden Arbeitskräfte freigesetzt und durch Maschinen substituiert. Dies stellt die Unternehmensführung vor eine doppelte Herausforderung: Die verbleibenden Mitarbeiter müssen hinreichend qualifiziert und für die Bedienung der Maschinen ausgebildet werden. Die frei werdenden Arbeitskräfte müssen, sofern der Personalabbau nicht sozialverträglich erfolgt, darauf eingestellt und evtl. umgeschult bzw. weiterqualifiziert werden. Gerade im Vorfeld der Investition ist daher eine hinreichende Vorbereitung auf die anstehenden Veränderungen erforderlich, um die Widerstände der Mitarbeiter möglichst gering zu halten. Gleiches gilt für tiefgreifende organisatorische Veränderungen.

Konzentrationsprozesse

Im Rahmen eines Konzentrationsprozesses schließen sich mehrere Betriebe rechtlich zusammen, wobei mindestens eines der Unternehmen seine wirtschaftliche Selbstständigkeit aufgibt (z. B. im Rahmen eines Konzerns oder einer Fusion/Trust).

Die Ursachen eines Zusammenschlusses können sehr unterschiedlich sein. In der Regel geht es darum, in den Bereichen Beschaffung, Produktion und Absatz **Synergien** und/oder **Rationalisierungspotenziale** zu erschließen und zu nutzen. Durch die aus dem Zusammenschluss resultierende Doppelbesetzung vieler Stellen werden zahlreiche Mitarbeiter überflüssig, und nicht immer gibt es geeignete Folgeverwendungen im Unternehmen. Hinzu kommt, dass häufig zwei unterschiedliche Unternehmenskulturen, Organisationsstrukturen und Zielsysteme miteinander vereint werden müssen, was die Unternehmensleitung vor besondere Herausforderungen stellt (vgl. gescheiterte Fusion von Daimler und Chrysler).

Globalisierung/Märkte im Wandel

Seit Ende der 1980er-Jahre hat sich der Prozess einer zunehmenden globalen Verflechtung der Handels- und Wirtschaftsbeziehungen, aber auch des wissenschaftlichen, sozialen und kulturellen Austauschs, beschleunigt. Durch die modernen Kommunikations- und Transportmittel sowie durch den Abbau von Handelsbeschränkungen sind die Distanzen geschrumpft, und die einzelnen Wirtschaftsräume konkurrieren stärker miteinander als je zuvor.

Die Unternehmen reagieren auf diese Herausforderung, indem sie sich zunehmend global ausrichten und als **Global Player** weltweit agieren. Dabei werden nicht nur die Bezugs- und Absatzbeziehungen internationalisiert, sondern auch die Standorte der Betriebe stehen zunehmend zur Disposition. Im Zuge eines „global sourcing" werden Teile, manchmal auch das gesamte Unternehmen, an den weltweit bestgeeignetsten (meist kostengünstigsten) Standort verlagert. Wenn sich die dortigen Rahmenbedingungen verändern und nicht mehr optimal sind, zieht man weiter.

Diese Entwicklungen stellen die Unternehmensführung in fast allen Teilbereichen vor Herausforderungen. So muss z. B. die Koordination betrieblicher Abläufe sowohl räumlich (die Standorte sind unter Umständen tausende Kilometer voneinander entfernt) als auch zeitlich (Standorte in mehreren Zeitzonen) sinnvoll geleistet werden. Lokale Besonderheiten müssen im Absatzbereich ermittelt und berücksichtig werden. Unterschiedliche Mentalitäten und Sprachen von Mitarbeitern müssen unter dem Dach der „Unternehmensfamilie" vereint werden.

5.2 Konsequenzen für Unternehmensplanung und -steuerung

Die wesentliche Veränderung infolge des beschriebenen Wandels ist der steigende organisatorische und planerische Aufwand für die Unternehmensleitung. Um die erforderliche Flexibilität zu erhalten, müssen zudem Führungskompetenzen von der oberen auf die mittlere und untere Ebene verlagert und zugleich Kontrollmöglichkeiten geschaffen werden, um die Prozesse noch angemessen überwachen zu können.

Produktionsprozess

Der globale Wettbewerb verschärft den Leistungsdruck auf die Unternehmen. Qualitative Mittelmäßigkeit oder zu hohe Produktionskosten werden sofort durch die Märkte sanktioniert. Viele Betriebe ziehen sich daher auf ihre Kernkompetenzen zurück, d. h. auf die Bereiche und betrieblichen Teilaufgaben, bei denen sie einen Vorsprung vor der Konkurrenz haben. Andere Tätigkeiten/Produkte werden auf darauf spezialisierte Zulieferbetriebe ausgelagert (Outsourcing), die ihrerseits bei diesen Gütern einen Wettbewerbsvorteil haben. Gerade in den letzten Jahren hat man sich in Deutschland zunehmend auf die Endmontage höherwertiger Produkte und die Erstellung hochwertiger Dienstleistungen spezialisiert. Viele der vorgelagerten Produktionsschritte und einfachen Tätigkeiten wurden daher ins Ausland verlagert.

Beschaffungs- und Absatzprozess

Sowohl die Beschaffung der Produktionsfaktoren als auch der Absatz der eigenen Erzeugnisse haben sich internationalisiert. Dank moderner Kommunikationsmedien, wie z. B. des Internets, können Güter heute global angeboten und bezogen werden. Preise werden dadurch leichter vergleichbar. Um die erforderliche Flexibilität zu erlangen, auf Kundenwünsche und veränderte Marktbedingungen schnell reagieren zu können, nimmt die Verflechtung der Produktionsbetriebe mit den Lieferanten und Abnehmern zu. Im Rahmen des **Supply Chain Management** werden diese Prozesse optimiert, und die Interaktion der verschiedenen Betriebe und Teilbereiche wird besser aufeinander abgestimmt.

Personalplanung

Durch die Internationalisierung der Betriebe (Global Player) und die Notwendigkeit, sich den Gewohnheiten vor Ort anzupassen, haben sich auch die Belegschaften verändert. Große Betriebe sind heute multiethnische Gebilde, in denen Menschen unterschiedlicher Sprachen und Kulturen zusammenarbeiten. Neben den rein sprachlichen bereiten kulturelle Unterschiede die größten Probleme. So gibt es z. B. im asiatischen Kulturkreis kein direktes „Nein", sondern nur verschiedene Stufen der Ablehnung. In Verbindung mit dem deutlich ausgeprägteren Höflichkeitsbewusstsein der Asiaten haben europäische Führungskräfte bei Verhandlungen daher häufig einen besseren Eindruck vom Fortgang der Gespräche als er der Realität entspricht. Daher haben viele dieser Betriebe ein **interkulturelles Management** aufgebaut, um sich mit den jeweiligen Besonderheiten vertraut zu machen und mögliche Missverständnisse gar nicht erst entstehen zu lassen.

Rechnungslegung und Finanzierung

Die Finanzkrise hat gezeigt, dass auch das internationale Bankensystem mittlerweile extrem vernetzt, dadurch aber auch sehr anfällig für Störungen ist, die an irgendeinem Ort der Welt auftreten. Anders als Güter- sind Geldströme mittlerweile rein virtuell (elektronische Impulse), und große Kapitalmengen können in kürzester Zeit von einem Teil der Welt in einen anderen verlagert werden.

Gerade große und / oder innovative Unternehmen haben so die Möglichkeit, Investoren und Kapitalgeber aus aller Welt auf sich aufmerksam zu machen, andererseits tendieren die internationalen Finanzmärkte auch zu Überreaktionen, und auf eine schlechte Unternehmensnachricht hin droht der „Absturz" des Unternehmens. Entsprechend sensibel muss die Informationspolitik der Unternehmensleitung sein.

Damit das internationale Publikum auf ein Unternehmen aufmerksam wird, muss ein einheitlicher Vergleichsstandard existieren, der die wichtigsten Unternehmensdaten angemessen transparent darstellt. Neben nationalen Vorschriften zur Rechnungslegung haben sich daher auch internationale Standards etabliert, die dies leisten. Der wohl bekannteste ist der **IAS (International Accounting Standard)**. Daneben bilanzieren viele Unternehmen nach dem amerikanischen Standard US-GAAP. Auch zahlreiche deutsche DAX-Unternehmen bilanzieren nach diesen Standards, z. B. um in den EURO-Stoxx 50 aufgenommen oder an der Wallstreet gelistet zu werden.

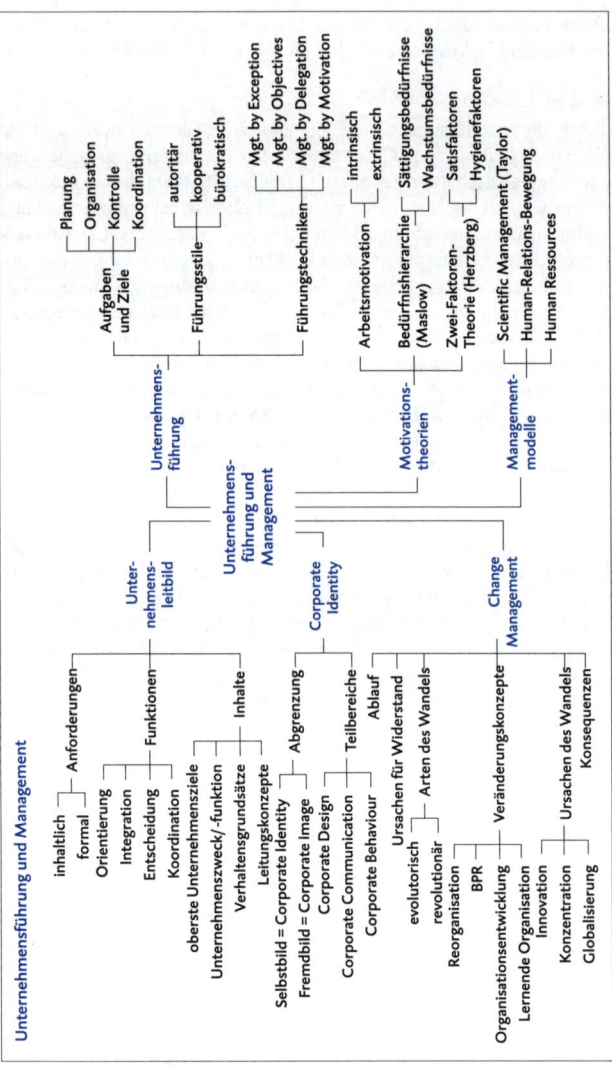

Controlling

Controlling hat sowohl eine institutionelle als auch eine funktionale Dimension. **Institutionell** bezeichnet Controlling i. d. R. eine Stabsstelle innerhalb der Führungsorganisation, **funktionell** die Tätigkeiten der Beschaffung, Aufbereitung und Analyse von Daten zur Vorbereitung zielsetzungsgerechter Entscheidungen. Beim Controlling handelt es sich um ein **umfassendes Steuerungs- und Koordinationskonzept**, das den Betriebsablauf kontinuierlich überprüft und die **Geschäftsführung** dabei **unterstützt**, betriebliche Prozesse zielgerichtet zu beeinflussen. Anders als das Rechnungswesen ist das Controlling **zukunftsorientiert**.

Um auf den Wandlungsdruck der Märkte entsprechend reagieren zu können, muss das Controlling in hohem Maße anpassungs- und veränderungsfähig sein. Daher gelten folgende Grundsätze für ein erfolgreiches Controlling:

- Controlling ist global, d. h., Probleme sind umfassend anzugehen.
- Controlling bedeutet „steuern" eines Unternehmens mittels Kennzahlen.
- Controlling wirkt unterstützend für das Management.
- Controlling beschränkt sich auf die managementrelevanten Themen.
- Controlling muss eine neutrale, an Fakten orientierte Position vertreten.
- Lösungen des Controllings müssen an die Bedingungen vor Ort angepasst werden.

1 Aufgaben des Controllings

Gerade im Zuge einer immer schnelleren Veränderung der wirtschaftlichen und gesellschaftlichen Rahmenbedingungen gewinnt das Controlling zusehends an Bedeutung. Es sorgt dafür, dass die langfristigen Ziele des Unternehmens (z. B. Sicherung und Mehrung des Vermögens) nicht aus den Augen verloren werden und der Betrieb „auf Kurs" gehalten wird.

- **Planung:** Das Controlling formuliert Ziele für das Unternehmen als Ganzes und für einzelne Teilbereiche. Daneben wird die Zielerreichung (kurz-, mittel- oder langfristig) geplant. Realistische Zielformulierungen sollen die Motivation erhöhen und helfen, Überforderungen zu vermeiden. Dabei werden moderne Planungssysteme, wie z. B. die Balanced Scorecard (vgl. S. 6), eingesetzt, die allen Mitarbeitern eines Unternehmens in einem umfassenden Gesamtplan aufzeigt, wie sie zur erfolgreichen Umsetzung einer Strategie beitragen können. Mit dem „bottom up"-Verfahren werden die Mitarbeiter an der Basis mit in die Planung eingebunden, was spätere Widerstände gegen den Plan reduziert und die Motivation erhöht.

- **Information:** Im Hinblick auf eine sorgfältige Entscheidungsunterstützung muss das Controlling dem Management wesentliche Informationen/Daten schnell zur Verfügung stellen können. Daher umfasst Controlling auch die Gewinnung, Verarbeitung und Aufbereitung von betriebsin- und -externen Informationen in zweckmäßiger Form und zum richtigen Zeitpunkt. Meist sind dafür Investitionen in die betriebliche Informationswirtschaft erforderlich. Neben dem Internet kann z. B. ein betriebliches Intra- bzw. Extranet aufgebaut werden.

- **Analyse/Kontrolle:** Nachdem Zielsysteme und Pläne erstellt wurden, muss eine rechtzeitige und angemessene Kontrolle der Leistungserstellung und -vermarktung erfolgen. Bei Abweichungen von den Vorgaben müssen die Ursachen dafür ermittelt werden, damit die Unternehmensführung eine solide Entscheidungsgrundlage für angemessene Gegenmaßnahmen (z. B. Umfang und Dauer von Kurzarbeit, Aufgabe unrentabler Produkte) erhält. Als Analyseverfahren werden eingesetzt:
  - Soll-/Ist-Vergleiche,
  - Durchführungskontrollen (Wirkung von Handlungen),
  - Prämissenkontrollen (Analyse von Umwelteinflüssen),
  - strategische Überwachung.

- **Steuerung/Koordination:** Abweichungen von Planvorgaben erfordern unter Umständen eine zukunftsgerichtete Reaktion, d. h. Maßnahmen zur Gegensteuerung, die das Unternehmen wieder „auf Kurs" bringen. Daneben erfüllt das Controlling auch die Funktion eines **Frühwarnsystems**. Werden Zielabweichungen bereits während einer Zielperiode festgestellt, können geeignete Maßnahmen eingeleitet werden, um das Ziel doch noch zu erreichen oder gegebenenfalls die Zieldefinition zu überarbeiten.

Die vier Bereiche sind über ein Regelkreissystem miteinander vernetzt. Die Lösung der Probleme, die das Unternehmen im jeweiligen Moment am meisten beschäftigen, hat Vorrang.

2 Strategisches und operatives Controlling

2.1 Strategisches Controlling

Beim strategischen Controlling steht die Positionierung des Unternehmens in seiner Umwelt im Vordergrund. Ziel strategischer Führung ist nicht die kurzfristige Erfolgserzielung, sondern die nachhaltige Existenzsicherung (also das Erreichen langfristiger Unternehmensziele).

Strategische Ziele sind z. B. die Steigerung des Unternehmenswerts, die Erhöhung des Marktanteils oder eine strategische Neuausrichtung des Unternehmens (Kernkompetenzen vs. Diversifikation).

Sind die strategischen Ziele beschlossen, wird eine umfassende **Analyse des Ist-Zustands** des Betriebs nach Stärken und Schwächen sowie nach Chancen und Risiken durchgeführt. Auf Basis dieser Ergebnisse werden sinnvolle **Marktstrategien** entwickelt.

Strategisches Controlling umfasst auch ein **Frühwarnsystem**, um das Management über etwaige Verschlechterungen der Unternehmensbedingungen zu informieren und eine hohe Flexibilität der Planung zu gewährleisten.

Für Bereiche, auf die das Controlling keinen inhaltlichen Einfluss hat, besitzt es **Planungstechnikerfunktion** (Bereitstellung von Informationen aus der Früherkennung, Aufbereitung von Daten aus dem Berichtswesen und EDV-technische Unterstützung). Eine gewisse **Planerfunktion** durch das Controlling ist, gerade zur Nutzung von Synergiepotenzialen, sinnvoll und notwendig. Die strategische Zielwahrnehmung bleibt jedoch originäre Führungsaufgabe.

2.2 Operatives Controlling

Zentrale Aufgabe des operativen Controllings ist die **Budgetierung**, d. h. die Erarbeitung kurz- und mittelfristiger Pläne, die den Aufgabenträgern für einen vorgegebenen Zeitraum bestimmte Sollgrößen (mengen- oder wertmäßig) vorgeben, die es zu erreichen gilt. Sobald das Unternehmen vom gesetzten Kurs abweicht, leitet das Controlling gezielte Maßnahmen ein, um diese Abweichungen zu korrigieren.

Das operative Controlling ist umso leistungsfähiger, je schneller die Informationen aus dem Rechnungswesen den Entscheidungsträgern zur Verfügung gestellt werden können. Voraussetzung dafür ist ein Informationssystem auf Datenbankbasis (z. B. SAP). Dies lässt eine freie Datenabfrage und -aufbereitung durch das Controlling zu. Die Ergebnisse werden dann zur Budgetüberwachung verwendet. Instrumente des operativen Controllings sind:

- **Systeme:** z. B. Kosten-, Umsatz- und Ergebnisrechnungssysteme, Investitionsplanungs- und Kontrollsysteme sowie Kennzahlensysteme.
- **Methoden:** z. B. Ideenfindungsmethoden, ABC-Analyse, Break-Even-Analyse, Portfolio, Kosten-Nutzen-Analyse, Risikoanalyse, Ablaufdiagramm, Checkliste, die Kapitalflussrechnung (Cashflow) oder alle Arten von Abweichungs-, Schwachstellen- und Strukturanalysen.

Das klassische Controlling stellt **Soll-Ist-Vergleiche** auf, d. h., es vergleicht die Kennzahlen der gesetzten Ziele mit den tatsächlich erreichten Kennzahlen. Die Kennzahlen sind von den jeweiligen Zielen abgeleitet und stammen aus allen Bereichen des Unternehmens (z. B. Kunden-, Lieferanten-, Betriebs- und Mitarbeiterkennzahlen). Werden **Abweichungen** festgestellt, muss geklärt werden, ob die Ziele zu hoch gesteckt waren oder ob die Umsetzung fehlschlug. Eine Analyse des Marktes zeigt, ob Ziele sich verändern oder ob sich das Unternehmen mit dem Markt in eine andere Richtung entwickelt.

Wenn der Grundsatz gilt, dass man nur bekommt, was man misst, muss man sich in einem Controlling-System auf wenige, einfache und allgemein akzeptierte **Schlüsselkennzahlen** einigen, die den Charakter von **Frühindikatoren** haben. Ansatzpunkte für solche Schlüsselkennzahlen sind der eigene Betrieb, die Lieferanten, Kunden und Mitarbeiter sowie letztlich das gesamte System.

Operative Zielsetzung und Planung

Einmal jährlich wird i. d. R. eine operative Planungsrunde durchgeführt. Die operative Zielsetzung soll die strategischen Ziele in operative Aktionen umsetzen und für deren Erreichung im unternehmerischen Tagesgeschäft sorgen. Die Pläne müssen motivierend und deshalb auch erreichbar sein. Um dem Management realistische Ziele anzugeben, sind kontinuierliche Umweltanalysen erforderlich, z. B. zur Entwicklung der Gesamtwirtschaft, Finanzmärkte, Kunden oder der Konkurrenz.

Operative Kontrolle

Mehrmals monatlich finden operative Kontrollen, z. B. Soll-Ist-Vergleich, statt, um Planabweichungen sichtbar zu machen. Dazu werden alle Ertrags-, Liquiditäts- und Bestandsgrößen permanent überwacht.

Gegensteuerungen haben jedoch nur Sinn, wenn nicht nur bestehende Abweichungen beseitigt, sondern zukünftige vorbeugend verhindert oder gemildert werden. Hierbei wird das **Forecasting** (Prognose) angewandt, das bereits wirksam gewordene bzw. künftige Abweichungen, deren Auswirkungen und die Wirkungen der vorgenommenen bzw. vorzunehmenden Maßnahmen berücksichtigt.

Operative Steuerung

Operative Steuerung läuft ganzjährig in allen Unternehmensbereichen ab. Die primäre Steuerung prüft die Erfüllung der Jahrespläne. Die sekundäre befasst sich mit eingetretenen oder erkennbar eintretenden Abweichungen. Um erfolgreich steuern zu können, muss das Controlling über klare Verantwortung und die erforderlichen Mittel verfügen. Bei Abweichungen haben dann eindeutige Anweisungen an die ausführenden Stellen zu ergehen.

2.3 Kennziffern des operativen Controllings

Die Leistungsmessung erfolgt mithilfe von verschiedenen Kennzahlen. Sie erhöhen nicht nur die Informationstransparenz und ermöglichen eine Überwachung der Zielerreichung, sie zwingen auch das Management bei der Planung der Ziele und Abläufe alles bis zum Ende zu durchdenken und zu quantifizieren. Standardinstrumente des operativen Controllings sind die Deckungsbeitragsrechnung, ein Investitionsplanungs- und Kontrollsystem sowie die Cashflow-Analyse.

Betriebswirtschaftliche Kennzahlen werden zur Beurteilung von Unternehmen eingesetzt. Sie liefern verdichtete Informationen und dienen als Basis für Entscheidungen. Eine Kennzahl wird aus der Fülle der im Unternehmen vorhandenen Zahlen des Rechnungswesens als besonders aussagekräftige Größe ausgewählt:

- Im Bereich **Betriebsablauf (Wertschöpfungskette)** ist der **Flussgrad** eine der wichtigsten Kennzahlen. Er misst das Verhältnis der Wertschöpfungszeit, also der Bearbeitungszeit, zur gesamten Durchlaufzeit (Prozesszeit). Beispiel: Bei der Herstellungszeit eines Pkws von 12 Stunden und einer Durchlaufzeit von 24 Stunden ist nur die Hälfte der Durchlaufzeit wertschöpfend. Der Rest ist Verschwendung. Der Flussgrad hilft dabei, zu erkennen, ob es im Produktionsprozess zu viele Unterbrechungen oder zu lange Wartezeiten gibt und ob pünktlich geliefert wird.

- Im Bereich **Kunden** bieten sich die **Kennzahlen der Kundenzufriedenheit und -loyalität** bzw. der umfassende **Kundenwert** als Frühindikatoren an. Sie lassen erkennen, ob die Kunden einem Betrieb wirklich treu sind, d. h., ob es gelingt, Kunden erfolgreich zu binden, ob der Kundenwert langfristig steigt und welche Deckungsbeiträge man mit den Kunden erwirtschaftet. Die mit der Loyalität gemessene Fluktuation attraktiver Kunden ist ein wesentlicher Indikator der Kundenzufriedenheit.

- im Bereich **Mitarbeiter** werden mittels Befragungen vor allem Daten zum Betriebsklima sowie zur Mitarbeiterzufriedenheit erhoben, die anschließend z. B. zu einem numerischen Gesamtergebnis umgerechnet werden. Aber auch die Fluktuationsquote, der Umsatz, die Zahl der Fortbildungstage oder der Verbesserungsvorschläge je Mitarbeiter liefern der Unternehmensleitung wichtige Informationen.

Die exakte Berechnung von Kennzahlen ist meist nicht standardisiert. So hängen viele Kennzahlen beispielsweise von den zugrunde liegenden Rechnungslegungsvorschriften ab, die sich international unterscheiden. Eine Vergleichbarkeit von Unternehmen in verschiedenen Ländern ist daher nur bedingt möglich.

Eine besondere Bedeutung haben Kennzahlen im Betriebsvergleich sowie beim **Benchmarking**. Die Kennzahl des „besten Betriebs" stellt den Maßstab (engl. Benchmark) dar, an dem sich andere orientieren.

Arten von Kennzahlen

Kennzahlen lassen sich grundlegend gliedern in:

- **absolute Kennzahlen:** Hierfür kommen betriebswirtschaftliche Einzel-, Summen-, Differenz- und Mittelwerte in Betracht. Ihr Informationsgehalt ist durch die Aussagekraft des jeweiligen Wertes selbst definiert, z. B. Cashflow, Deckungsbeitrag, EBIT.

- **relative Kennzahlen:** Verbindung zweier Werte zu einer Kennzahl mit erhöhter und/oder spezifischer Aussagekraft.
  Die Stärke einer relativen Kennzahl hängt in erster Linie vom sachlichen Zusammenhang der zu vergleichenden Größen ab.

Zu unterscheiden sind dabei drei Arten von relativen Kennzahlen:

- **Beziehungskennzahlen:** Verhältnis von zwei ungleichartigen, aber gleichrangigen Größen, z. B. Eigenkapitalrentabilität.

- **Indexkennzahlen:** Vergleich zweier gleichartiger und gleichrangiger Größen mit unterschiedlichem Zeitbezug. Ausgehend von einem Basiszeitpunkt (Jahr, Monat, Tag), der gleich 100 gesetzt wird, betrachtet man die Entwicklung der Kennzahl im Zeitverlauf gegenüber dem Basiszeitpunkt, z. B. Umsatzwachstum, Preisentwicklung.

- **Gliederungskennzahlen:** Vergleich zweier gleichartiger, aber nicht gleichrangiger Größen, d. h. einer Teilmenge zu einer übergeordneten Gesamtmenge, z. B. Eigenkapitalquote.

Kennzahlen haben die folgenden Funktionen:

- **Entscheidungsfunktion:** Sie bilden die Grundlage für betriebswirtschaftliche Entscheidungen. Die Entscheidungsträger benötigen Informationen darüber, wie sich die von ihnen getroffenen Entscheidungen auswirken, und die helfen, Probleme und Chancen frühzeitig zu erkennen. Dazu werden Kennzahlen übersichtlich gehalten. Bei der Aggregation der Daten ist jedoch zu beachten, dass dadurch Detailinformationen verloren gehen.

- **Kontrollfunktion:** Sie dienen der Kontrolle, ob die im Voraus geplanten und festgelegten Ziele tatsächlich erreicht wurden.

- **Koordinationsfunktion:** Sie helfen bei der Durchsetzung von Entscheidungen und bei der Koordination verschiedener unternehmerischer Bereiche.

- **Steuerungsfunktion:** Sie werden verwendet, um Mitarbeiter zu einem bestimmten, für das Unternehmen positiven Verhalten zu bewegen. Dabei ist zu beachten, dass bei einer Entlohnung auf Basis einer Kennzahl der Mitarbeiter vor allem an der Steigerung dieser Zahl interessiert ist. Eine falsch ausgewählte Kennzahl kann zu Fehlsteuerungen führen (vgl. Problematik des Shareholder Value).

Gliederung von Kennzahlen

Kennzahlen lassen sich nach dem zugrunde liegenden Sachverhalt, der durch sie ausgedrückt werden soll, gliedern in Erfolgskennzahlen, Liquiditätskennzahlen, Rentabilitätskennzahlen sowie Kennzahlen zur Vermögensstruktur und zur Umschlagshäufigkeit:

Allgemeine Erfolgskennzahlen	z. B. Gewinn vor Steuern, Umsatz, Jahresüberschuss, Cashflow, EBIT, EBITDA, Handelsspanne
Kennzahlen zur Kapitalstruktur	z. B. Eigen-, Fremdkapitalquote, Verschuldungsgrad
Liquiditätskennzahlen	z. B. Cash Ratio, Anlagendeckung, Einzugsliquidität, Working Capital
Rentabilitätskennzahlen	z. B. Gesamt-, Eigenkapitalrentabilität, Umsatzrendite, Return on Investment, Cashflow
Kennzahlen zur Umschlagshäufigkeit	z. B. Kapital-, Lagerumschlagshäufigkeit

3 Controlling zur Optimierung der Wertschöpfungskette

Controlling ist ein unverzichtbares Element zur Steuerung, Gestaltung und dauerhaften Sicherung des Markterfolgs von Wertschöpfungsketten (Supply Chains). Ziel ist es, die Wirtschaftlichkeit der gesamten Kette zu erhöhen indem nicht wertschöpfende und auch nicht zwingend erforderliche Teilprozesse identifiziert, eliminiert und so die Abläufe immer reibungsloser und effizienter gestaltet werden.

Der Erfolg der Maßnahmen wird i. d. R. dadurch erkennbar, dass die vorgegebenen Kennzahlen immer weiter verbessert werden. Je besser die Werte der Kennzahlen sind, desto größer ist der Erfolg des Unternehmens, und je mehr erfolgreiche Unternehmen es gibt, desto erfolgreicher ist die gesamte Wertschöpfungskette.

Angesichts der enormen Komplexität betrieblicher Abläufe und Prozesse werden heute EDV-gestützte **Supply Chain Optimization Systems** (SCOS) eingesetzt. Die Software bildet die Wertschöpfungskette detailgetreu ab, kann die Prozesse interaktiv simulieren und hilft, Schwachstellen zu erkennen. Merkmale sind die simultane Prozessplanung, die Berücksichtigung auch unvorhergesehener Ereignisse bei Kunden und Lieferanten sowie – durch diese Outputorientierung – eine schnelle Reaktion auf Veränderungen. **Aufgaben** des Controllings im Rahmen dieser Optimierung sind

- die informatorische Versorgung aller Beteiligten an der Supply Chain mit aufbereitetem Datenmaterial,
- die Planung und Kontrolle der Supply Chain, d. h. Beobachtung, Auswertung, Koordination und Veränderung
- sowie die Gestaltung und Überwachung der Steuerungs- und Geschäftsprozesse.

3.1 Exkurs – Qualitätskontrolle

Qualitätssicherung oder **-kontrolle** ist ein Sammelbegriff für Maßnahmen, die sicherstellen sollen, dass ein Produkt oder eine Dienstleistung ein festgelegtes Qualitätsniveau erreicht. Dabei geht es nach ISO 9000 nicht darum, die Qualität eines Produkts zu optimieren, sondern ein vorgegebenes – also ggf. auch ein niedriges – Niveau zu halten. Das Produkt kann dabei sowohl materiell sein, als auch eine erbrachte Leistung oder eine verwendete Verfahrensweise. Der Prozess der Qualitätssicherung wird heute in Unternehmen vielfach mit rechnergestützten Systemen abgebildet (CAQ-Systeme).

In der Serienproduktion lassen sich Qualitäts-Kennzahlen zum Prozess über statistische Verfahren ermitteln. Um Gleichheit zu erreichen, setzt man Qualitätsmanagementnormen wie beispielsweise internationale Normen nach EN oder ISO, nationale Normen nach DIN oder betriebsinterne Normen sowie andere technische Dokumentationen ein. Die Qualitätssicherung umfasst folgende Elemente:

- **Erstbemusterung:** Mit der Erstbemusterung erbringt der Lieferant den Nachweis, dass seine Produkte die vom Kunden geforderten Qualitätsanforderungen erfüllen.
- **Wareneingangsprüfung:** Um Mängel reklamieren zu können, muss der Kunde die Ware unverzüglich nach der Lieferung prüfen.
- **Lieferantenbewertung:** Die aus der Wareneingangsprüfung gewonnenen Daten dienen auch zur Lieferantenbewertung. Es erfolgen Auswertungen bezüglich der Lieferqualität, -treue, Termintreue etc.
- **Fertigungskontrolle:** Die Kontrolle findet anhand von Losprüfungen auftrags oder kundenbezogen statt oder wird als statistische Prozesslenkung (SPC) durchgeführt.
- **Prüfmittelverwaltung:** Präzise und zuverlässige Mess- und Prüfmittel sind Voraussetzungen für objektiv bewertbare Kontrollergebnisse. Die Prüf- und Messmittelüberwachung sorgt für die Verfügbarkeit der erforderlichen Mess- und Prüfmittel.
- **Dokumentation:** Die Ergebnisse aller Prüfungen werden dokumentiert und entsprechend den gesetzlichen Fristen aufbewahrt.

3.2 Beschaffungscontrolling

Im Rahmen des Beschaffungscontrollings werden die Bezugsquellen und -wege des Unternehmens kontinuierlich erfasst, überprüft und mithilfe der gewonnenen Daten gesteuert. Je nachdem, ob das Unternehmen die Güter fertigen lässt oder aus einer vorhandenen Produktpalette auswählt, unterscheidet man Lieferanten- und Einkaufscontrolling.

Im Rahmen des **Lieferantencontrollings** muss das Unternehmen zunächst Zielvorgaben mit den Lieferanten vereinbaren (z. B. Qualitätsvorgaben bzgl. der Produkte, Liefermodalitäten). Gleiches gilt für wichtige Prozesse (z. B. Ablauf des Bestellvorgangs, Verfahren bei außerplanmäßigem Mehrbedarf) und Kompetenzen, die der Lieferant meist noch vor Aufnahme einer Geschäftsbeziehung nachzuweisen hat (z. B. Zertifizierung nach DIN ISO-Normen).

Aber auch bei bestehenden Lieferantenbeziehungen wird regelmäßig kontrolliert, ob das Zulieferunternehmen die Zielvorgaben des weiterverarbeitenden Betriebs erfüllen kann (z. B. Soll-/Ist-Vergleich). Werden die vereinbarten Ziele nicht erreicht, muss der Zulieferer seine Prozesse optimieren oder der Hersteller trennt sich vom Lieferanten. Der Prozess des Lieferantenmanagements beginnt dann erneut.

Produkte, die nicht extra für ein Unternehmen angefertigt werden, bezieht der Einkauf bzw. die Materialwirtschaft auf Märkten. Im Zuge eines sich immer weiter verschärfenden Wettbewerbs, vor allem infolge der Globalisierung, kann es sich heute kein Betrieb mehr leisten, nicht mittels **Einkaufscontrolling** permanent nach Einsparpotenzialen zu suchen und diese zu realisieren, damit die Gesamtkosten der eigenen Güter möglichst gering gehalten werden.

3.3 Produktionscontrolling

Der Produktionsprozess bildet den Schwerpunkt der betrieblichen Leistungserstellung. Im weiteren Sinn umfasst die Produktion auch vor- und nachgelagerte Funktionen wie Forschung und Entwicklung, Beschaffung und Lagerung. Diese Bereiche greifen auch auf Daten des Produktionscontrollings zurück (Rückkoppelungen). Mögliche Controllingtätigkeiten im Fertigungsprozess:

- die Arbeitsvorbereitung plant die Soll-Produktionsdaten,
- die Planwerte werden an den Produktionsbereich weitergegeben,
- der Produktionsfortschritt wird kontinuierlich kontrolliert,
- automatisierte Qualitätskontrollen der Werkstücke,
- die Produktionskontrolle prüft die Ist-Produktionsdaten,
- Soll-Ist-Vergleich zur Erkennung von Abweichungen,
- bei Unregelmäßigkeiten wird in der Produktion nachgesteuert.

Produktionsplanung und -steuerung

Die Produktionsplanung und -steuerung **(PPS)** beschäftigt sich mit der operativen, zeitlichen, mengenmäßigen und wenn nötig auch räumlichen Planung, Steuerung und Kontrolle, und damit zusammenhängend auch mit der Verwaltung aller Vorgänge, die bei der Produktion notwendig sind. Sie bildet den Kern eines jeden Industrieunternehmens.

Im Vordergrund steht die Optimierung des gesamten Produktionssystems. Produktionssysteme beinhalten die Darstellung aller Konzepte, Methoden und Werkzeuge, die in ihrem Zusammenwirken die Effektivität und Effizienz des gesamten Produktionsablaufs ausmachen.

Die PPS teilt sich auf in die **Produktionsplanung**, die die Vorgänge mittel- bis kurzfristig vorplant, und die **Produktionssteuerung**, die anhand dieser Planung die Aufträge freigibt und steuert. Beide Bereiche greifen ineinander und sind besonders in kleinen bis mittelgroßen Betrieben meist auch in einem Verantwortungsbereich zusammengefasst.

Bestandteile der PPS sind die Produktionsprogrammplanung, die Materialwirtschaft, die Termin- und Kapazitätsplanung, die Auftragsfreigabe und die Auftragsüberwachung. In der Regel werden die Prozesse der PPS durch PPS-Systeme unterstützt.

Zeitcontrolling

Eine Beschleunigung der betrieblichen Prozesse ist nur durch ein modernes Zeitmanagement möglich. Durch das Parallelisieren von Arbeitsschritten lassen sich Durchlaufzeiten reduzieren und somit Aufträge schneller umsetzen **(Speed Management)**, was einen zusätzlichen Mehrwert für den Kunden schafft.

Zeitcontrolling geht aber über eine gelungene Zeitvernetzung und -steuerung hinaus. Ziel ist es, den Faktor Zeit als „Ressource" zu begreifen und ein allgemeines **„Zeitbewusstsein"** im Betrieb zu etablieren (umfassende „Zeitmotivation" der Mitarbeiter, sowie Etablierung einer umfassenden Zeitsystemgestaltung).

3.4 Absatzcontrolling

Im Zentrum des Absatzcontrollings steht der Kunde. Ziel ist es, durch eine hohe Kundenzufriedenheit eine langfristige Bindung an das Unternehmen zu erreichen **(Customer-Relationship-Management)**. Ein dauerhaftes Kundencontrolling überprüft die Kundenwerte und -loyalität und initiiert gegebenenfalls notwendige Beziehungsaktivitäten.

Die elektronische Erfassung von z. B. Umsätzen und Stammdaten der Kunden im Rahmen eines **Database Managements** ermöglicht dem Unternehmen, Aussagen über den Wert des Kunden zu treffen. So lassen sich die individuellen Bedürfnisse der Kunden identifizieren, das Kaufverhalten und die Medienpräferenzen analysieren. Kennt der Betrieb die loyalen und umsatzstarken Kunden, kann er diesen gezielt Angebote unterbreiten. Diese Vorzugsbehandlung wirkt sich wiederum positiv auf die Kundenbeziehung aus. Das Unternehmen kann von den Daten auf künftige Trends schließen und sich gegebenenfalls in eine bestimmte Richtung spezialisieren. Kaum genutzte Produkte können überdacht, verändert oder ganz aus dem Angebot genommen werden.

4 Finanz- und Kostencontrolling

Das **Finanzcontrolling** hat die Planung, Kontrolle und Steuerung so-wie Informationsversorgung bei der Gestaltung der Zahlungsströme (Ein- und Auszahlungen) zum Inhalt. **Ziele** des Finanzcontrollings sind die Aufrechterhaltung der Liquidität (Zahlungsfähigkeit) des Betriebs und die Maximierung des Werts der Eigenkapitalansprüche. Dabei gilt es zunächst, den Ist-Zustand zu erfassen, mögliche Schwachstellen oder Potenziale aufzudecken, Finanzierungsmöglichkeiten zu ergründen und anschließend dem Management Handlungsempfehlungen zu geben und bei der Umsetzung möglicher Entscheidungen zu unterstützen. **Aufgaben** des Finanzcontrollings sind:

- Liquiditätssicherung (kurz-, mittel- und langfristig),
- Koordination von Investitions- und Finanzierungsentscheidungen,
- Optimierung (i. d. R. Minimierung) der Finanzierungskosten,
- Unterstützung der externen Rechnungslegung,
- Finanzanalyse und Erstellung von Finanzberichten,
- Kapitalmarktkommunikation.

Als **Instrumente** werden Soll-Ist-Analysen (meist Bilanzanalysen), Kapitalfluss- und Risikorechnungen eingesetzt.

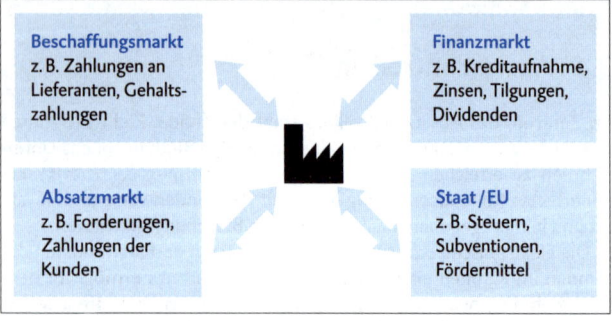

Beschaffungsmarkt
z. B. Zahlungen an Lieferanten, Gehalts-zahlungen

Finanzmarkt
z. B. Kreditaufnahme, Zinsen, Tilgungen, Dividenden

Absatzmarkt
z. B. Forderungen, Zahlungen der Kunden

Staat / EU
z. B. Steuern, Subventionen, Fördermittel

Das **Kostencontrolling** überwacht und koordiniert die Vorgänge der Kostenrechnung. Im Rahmen der Kosten- und Leistungsrechnung (KLR) werden alle angefallenen Kosten einer Periode nach Kostenarten geord-net, auf Kostenstellen aufgeteilt und den einzelnen Kostenträgern zuge-rechnet. So lassen sich z. B. die Selbstkosten eines Produkts ermitteln. Ferner werden die in der KLR gewonnenen Informationen sortiert, auf-bereitet, und mithilfe von Entscheidungsmodellen werden Handlungsal-ternativen für das Management entwickelt.

5 Personalcontrolling

In einer modernen Dienstleistungsgesellschaft sind die Mitarbeiter eine der wichtigsten Ressourcen der Betriebe. Daher wäre es geradezu fahrlässig, wenn ein Unternehmen nicht auch im Bereich Personalwesen ein umfassendes Controlling betreiben würde. Neben dem einzelnen Mitarbeiter stehen vor allem Gruppen von Beschäftigten sowie deren Interaktion im Focus des Personalcontrollings.

Zur Messung von Faktoren wie z. B. **Mitarbeiterzufriedenheit, Betriebsklima und Effizienz der Personalarbeit** ist man im Personalbereich stark auf Befragungen und freiwillige Angaben der Mitarbeiter angewiesen **(qualitative Daten)**. Darin unterscheidet sich das Personalcontrolling auch wesentlich von anderen betrieblichen Funktionsbereichen. Zwar lassen sich Rückschlüsse aus messbaren Faktoren, wie z. B. Fehlzeiten, Mitarbeiterfluktuation oder Fortbildungstagen **(quantitative Daten)**, ziehen, aber diese liefern immer nur indirekte Hinweise über wichtige Aspekte wie z. B. die Motivation der Beschäftigten.

Zur **Planung und Steuerung der Personalarbeit** müssen daher zu allererst aussagekräftige Datenbestände generiert werden. Erschwert wird dieses Bestreben dadurch, dass Mitarbeiter infolge ihrer Weiterentwicklung eine **dynamische** und damit meist nur schwer erfassbare Größe darstellen. So kann sich neben der Leistungsfähigkeit auch die Motivation eines einzelnen Mitarbeiters im Laufe der Zeit deutlich wandeln, Gleiches gilt für seinen Bildungsstand, seine berufliche Erfahrung oder auch Loyalität, und das eben nicht immer zum Vorteil des Betriebs.

Über verschiedene Instrumente versucht das Personalcontrolling daher auch einen Blick in die Zukunft zu werfen, z. B. mittels Vorschau- und Prognosedaten. Die Genauigkeit dieser Vorhersagen ist abhängig von der Qualität der Ausgangsdaten, von der Eintrittswahrscheinlichkeit zukünftiger Daten und dem Prognosezeitraum.

Je nach Grad der Verlässlichkeit wird dabei von **Ist-** (bereits erreicht), **Vorschau-** (Zukunftsdaten mit hoher Eintrittswahrscheinlichkeit) und **Prognosedaten** (meist rein mathematisch ermittelte Trends) gesprochen. Mittels der Szenariotechnik lassen sich damit zukünftige Entwicklungen abschätzen und mögliche Maßnahmen bereits im Vorfeld planen.

Nach Umsetzung konkreter Maßnahmen wird auch die Personalarbeit selbst evaluiert, um Rückschlüsse über die beabsichtigten und die tatsächlichen Wirkungen ziehen zu können.

6   Öko-Controlling

Ein steigendes Umweltbewusstsein der Bevölkerung, globale ökologische Probleme und die zunehmende Ressourcenknappheit haben zu einer verstärkten Umweltorientierung der Unternehmen geführt. Da der
Umweltgedanke alle Unternehmensbereiche durchzieht, stellt auch das
Öko-Controlling einen ganzheitlichen Kontroll- und Steuerungsansatz
dar, mit dem Anspruch, sämtliche umweltrelevanten Unternehmensak-
tivitäten zu erfassen, zu planen, zu steuern und zu kontrollieren.

   Längst wird der **Aspekt Umwelt** nicht mehr als betrieblicher Belas-
tungs-, sondern **als Erfolgsfaktor** gesehen. Neben einem Imagegewinn
gehen mit der verstärkten Umweltorientierung zunehmend Kostenvor-
teile einher, wenn z. B. der Energieverbrauch eines Fertigungsverfahrens
reduziert werden kann. Die Umweltverträglichkeit von Produkten sowie
Herstellungsprozessen ist zu einem wichtigen Wettbewerbsfaktor geworden. Folgende Chancen bietet die verstärkte Umweltorientierung:

betriebsintern	**betriebsextern**
• Kosteneinsparung in allen Be- reichen (v. a. Energie und Transport)	• Herstellung ökolog. einwandfreier Produkte spart Entsorgungskosten
• (Umwelt-)Innovationspotenzial und damit ein Vorsprung vor der Konkurrenz	• Absatzvorteile durch den Aufbau eines ökologischen Images
• Früherkennung ökolog. Proble- me (z. B. Reststoffentsorgung)	• vereinfachter Zugang zu Finanz- märkten
• stärkere Identifikation der Mitarbeiter mit dem Betrieb (erhöht z. B. die Loyalität)	• Abschöpfen staatlicher Förder- mittel für Investitionen in den Umweltschutz
	• Kostenersparnis durch die Erfül- lung gesetzlicher Auflagen

Für Öko-Controlling stehen u. a. folgende **Instrumente** zur Verfügung:
Prinzipiell sollte zunächst zur systematischen Erfassung, Analyse und
Aufbereitung aller umweltrelevanten Informationen ein **Umweltinformationssystem** aufgebaut werden. Auf Basis der ökologischen Ist-Si-
tuation wird dann periodisch ein Umweltprogramm erstellt, das den
ökologischen Soll-Zustand des Unternehmens für einen späteren Zeitpunkt charakterisiert. Das Programm enthält konkrete Handlungsanwei-
sungen zur Erreichung des Soll-Zustands und gibt regelmäßige Soll-Ist-
Analysen zur Kontrolle der Zielerreichung vor. Diese Informationen
stehen dann sowohl den unternehmensinternen Entscheidungsträgern
als auch für Public Relations-Maßnahmen zur Verfügung.

Neben der klassischen Analyse umweltrelevanter **Kennzahlen** (z. B. Energieverbrauch, Emissionsmengen, Anzahl der Störfälle und Verstöße gegen Umweltauflagen) werden z. B. in Anlehnung an die KLR Verfahren einer **Umweltkostenrechnung** eingesetzt. Dabei werden z. B. alle betrieblichen Kosten hinsichtlich ihrer umweltrelevanten Wirkung als Umweltkosten und Nichtumweltkosten erfasst und über einen erweiterten BAB den Kostenstellen und -trägern zugeordnet.

In einer **Öko-Bilanz** werden nach Vorgabe der EG-Öko-Audit-Verordnung alle Zu- (Energie, Material, Stoffe) und Abflüsse (Produkte, Abfälle, Emissionen) des Unternehmens erfasst. Der Begriff „Bilanz" ist unglücklich gewählt, da es sich um keine stichtagsbezogene Bestandsaufnahme, sondern um eine (meist jährliche) ökologische Flussrechnung handelt. Über einen längeren Zeitraum lassen sich so im Betrieb ökologische Schwachstellen erkennen. Als Anreiz, die Verordnung umzusetzen, erhalten teilnehmende Betriebe nach einer externen Überprüfung ein EG-Umwelt-Logo, das einen Wettbewerbsvorteil darstellen kann.

In der **IÖW-Belastungsbilanz** (IÖW = Institut für ökolog. Wirtschaftsforschung) werden die Umweltwirkungen verschiedener umweltrelevanter Faktoren nach dem Verfahren der ABC-Analyse bewertet. Ähnlich einer Ampel lassen sich so die Umwelteinwirkungen nach dringlichen, weniger dringlichen und problemlosen Belastungsimplikationen einordnen.

Für die Etablierung eines erfolgreichen Öko-Controllings ist es wichtig, dass es von möglichst vielen Mitarbeitern getragen wird. Dafür sind entsprechende Maßnahmen der Organisations- und Personalentwicklung erforderlich. Da ein solcher Einführungsprozess zunächst Ressourcen und Zeit bindet, bevor das Öko-Controlling beziehungsweise die Umweltaktivitäten zu einer regelmäßigen Aufgabe entsprechend der vorgesehenen Aufbauorganisation werden, empfiehlt sich zunächst das Aufsetzen eines „Öko-Projekts", um von Beginn an ein möglichst klares Ziel festzulegen, und die zur Umsetzung des Ziels erforderlichen Ressourcen zur Verfügung zu stellen.

Das Öko-Controlling ist letztlich eine permanente Managementaufgabe. Die einzelnen Prozessschritte (Zieldefinition, Informationsbeschaffung, Ist-Analyse, Maßnahmendurchführung und -kontrolle) zur Umsetzung von Maßnahmen laufen dabei nicht zwangsläufig hintereinander ab, auch Vor- und Rückkoppelungen sind möglich.

Die zum Aufbau eines Öko-Controllings benötigten Informationen lassen sich durch **ökologische Kennzahlen** ermitteln, wobei Kennzahlenvergleiche (Zeitvergleich, Soll-Ist-Vergleich und Betriebsvergleich) von besonderem Interesse sind.

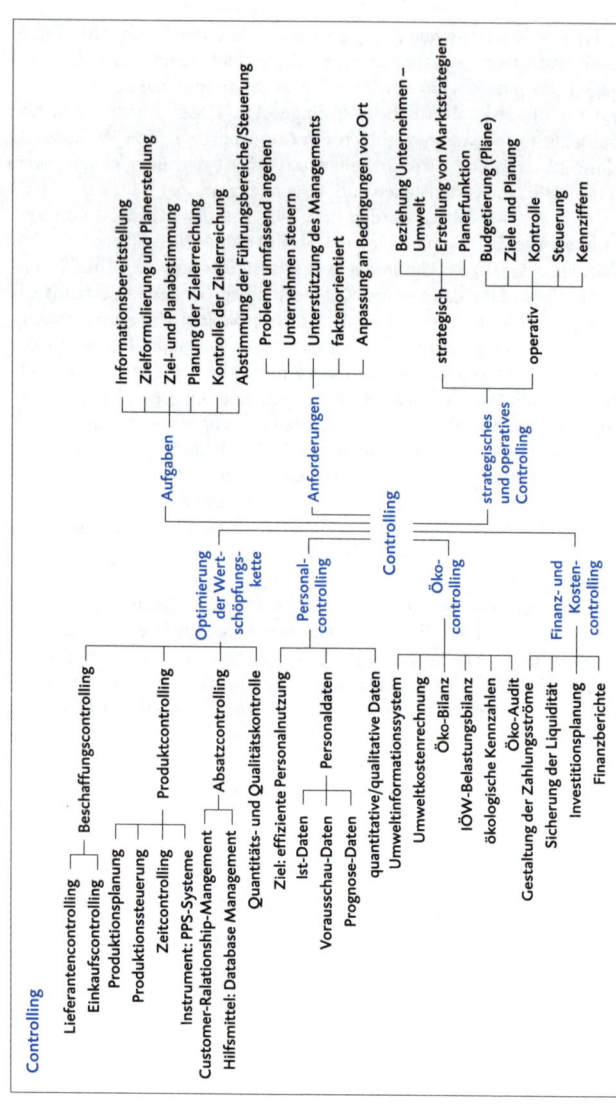

Controlling

Aufgaben
- Informationsbereitstellung
- Zielformulierung und Planerstellung
- Ziel- und Planabstimmung
- Planung der Zielerreichung
- Kontrolle der Zielerreichung
- Abstimmung der Führungsbereiche/Steuerung

Anforderungen
- Probleme umfassend angehen
- Unternehmen steuern
- Unterstützung des Managements
- faktenorientiert
- Anpassung an Bedingungen vor Ort

strategisches und operatives Controlling

strategisch
- Beziehung Unternehmen – Umwelt
- Erstellung von Marktstrategien
- Planerfunktion

operativ
- Budgetierung (Pläne)
- Ziele und Planung
- Kontrolle
- Steuerung
- Kennziffern

Controlling

Optimierung der Wertschöpfungskette
- Lieferantencontrolling
- Einkaufscontrolling — Beschaffungscontrolling
- Produktionsplanung
- Produktionssteuerung
- Zeitcontrolling — Produktcontrolling
- Instrument: PPS-Systeme
- Customer-Relationship-Management
- Hilfsmittel: Database Management
- Absatzcontrolling
- Quantitäts- und Qualitätskontrolle

Personalcontrolling
- Ziel: effiziente Personalnutzung
- Personaldaten
  - Ist-Daten
  - Vorausschau-Daten
  - Prognose-Daten
- quantitative/qualitative Daten

Öko-controlling
- Umweltinformationssystem
- Umweltkostenrechnung
- Öko-Bilanz
- IÖW-Belastungsbilanz
- ökologische Kennzahlen
- Öko-Audit

Finanz- und Kostencontrolling
- Gestaltung der Zahlungsströme
- Sicherung der Liquidität
- Investitionsplanung
- Finanzberichte

Stichwortverzeichnis

Ihre Meinung ist uns wichtig!

Ihre Anregungen sind uns immer willkommen. Bitte informieren
Sie uns mit diesem Schein über Ihre Verbesserungsvorschläge!

Titel-Nr.	Seite	Vorschlag

Lernen • Wissen • Zukunft
STARK

20-VE9

Bitte ausfüllen und im frankierten Umschlag
an uns einsenden. Für Fensterkuverts geeignet.

Zutreffendes bitte ankreuzen! Die Absenderin / der Absender ist:

☐ Lehrer/in in den Klassenstufen:

☐ Fachbetreuer/in
Fächer:

☐ Seminarlehrer/in
Fächer:

☐ Regierungsfachberater/in
Fächer:

☐ Oberstufenbetreuer/in

☐ Schulleiter/in

☐ Referendar/in, Termin 2. Staats-
examen:

☐ Leiter/in Lehrerbibliothek
☐ Leiter/in Schülerbibliothek
☐ Sekretariat
☐ Eltern
☐ Schüler/in, Klasse:
☐ Sonstiges:

STARK Verlag
Postfach 1852
85318 Freising

Kennen Sie Ihre Kundennummer? Bitte hier eintragen.

Absender (Bitte in Druckbuchstaben!)

Name/Vorname

Straße/Nr.

PLZ/Ort/Ortsteil

Telefon privat   Geburtsjahr

E-Mail

Schule / Schulstempel (Bitte immer angeben!)

Unterrichtsfächer: (Bei Lehrkräften!)

Bitte hier abtrennen ✂

Training für Schüler!

Prüfungsrelevantes Faktenwissen mit vielen Beispielen, abwechslungsreichen Aufgaben und schülergerechten <u>Lösungen zur Selbstkontrolle</u>.

(Bitte blättern Sie um)